절망의 노래

천필립 작품집

위비채

이 비는, 언제 그칠까요?

비구름이 가득하네요......

오오, 관대하신 나리께 다시 한 번 감사드립니다.

그럼, 비가 그칠 때까지 한 나절만 더 신세를 지겠습니다.

그 사이에 노래라도 불러 드리지요.

습기 때문에, 연주는 곤란하겠지만, 그래도 반주 정도는 괜찮겠지요.

이게 말입니다, 습기에 민감한 악기라......

예?

소인(小人)의 이야기라 하시면?

호호호, 나리!

소인의 거지 같은 삶은, 나리처럼 고귀하신 분께서 관심을 가지실 만한 것이 못 됩니다.

소인이야 그저, 소리를 들려주는 대가로 음식과 잠자리를 얻는 떠돌이지요.

갈 곳도 없으면서 돌아다니고...... 아니, 오히려 갈 곳이 없기 때문에 돌아다니는 건가요?

어쨌든, 나리처럼 고귀하신 분께서는, 그저 아름다운 것만을 보시고 아름다운 소리에만 귀를 기울이셔야 합니다.

구차한 삶의 모습을 보시고, 그 구차한 모습을 뇌리(腦裏)에라도 두실 필요가 있을까요?

아름다운 이야기라……

하긴, 아름다운 소리만이 아름다운 건 아니겠지요.

요 나반이라는 악기가 말입니다, 땅 속으로 스며드는 듯한 투명한 소리를 내다가도, 습기가 많으면 소리가 이지러지지요.

들어 보십시오.

호호호!

지난밤의 소리와는 아주 다르지요?

나리! 그럼, 소인이 이야기를 하나 들려 드리지요.

나리처럼 젊으신 분께서 좋아하실지는 모르겠습니다만, 이 늙은 머리에 떠오르는 게 그것밖에 없는지라……

지금 비가 내리고 있어서 그런 것일지도 모르겠습니다.

비가 많은 지방에서 보고 들었던 이야기이지요……

나리께서도 이제 아시다시피, 소인은 젊은 시절부터 대륙을 떠돌아다녔습니다.

사람들 앞에서 나반을 연주하고 노래를 불렀지요.

매일 밤 꿈속에서는 새로운 연주를 생각하고 새로운 노래를 만들었고, 어지간한 일이 있지 않는 한, 한 곳에 오래 머무는 일이 없었습니다.

그러니, 당연한 일이겠지만, 소인이 머물렀던 그 수많은 마을들의 이름은 거의 기억나지 않습니다.

물론, 기억하려 했던 적도 없지요.

오직 몇몇 이름들만이 아직도 기억에서 사라지지 않는데, 그 중에는 위비채라는 이름의 작은 어촌(漁村)이 있습니다.

위비채라는 그 작은 마을에도 이런 비가 자주 내렸지요.

위비채라……

거기에는 끝을 알 수 없는 바다가 있었고, 한 눈에 들어올 정도로 작은 항구가 있었고, 항구에는 고기잡이배들이 줄지어 있었고, 항구 뒤로는 곧바로 산이 펼쳐져 있었고, 산허리 여기저기에 집들이 있었고……

나리! 비바람이 몰아쳐도, 그게 어디에 몰아치느냐에 따라 그 효과는 다르겠지요?

이런 평야에 비바람이 몰아치면 곡식이 쓰러지고 물길이 망가지고는 하지만, 바다에 비바람이 몰아치면, 배가 뒤집혀 사람이 죽습니다.

위비채가 속해 있던 지방은, 사람들이 바다에서 물고기를 잡아 살아가는 지방이었습니다.

그 지방 사람들은 비바람을 두려워했지요.

고기잡이를 하다가 비바람을 만나면, 바다 저곳에서 이쪽을 노려보는 눈이 보인다고 하더군요.

사람들이 바다에 들어오는 것을 싫어하는, 그 무엇인가의 눈 말입니다.

그리고, 마을에 비바람이 몰아치기 시작하고 그 속에 비명소리가 섞여 들려오면, 고기잡이 나갔던 사람들이 돌아오지 않지요.

아무리 기다려도, 아무도 돌아오지 않는 것입니다.

전날까지만 해도 술을 마시고 행패를 부리던 사람도, 이빨이 썩어 아프다고 짜증내던 사람도, 항상 같은 나무 밑에서 낮잠을 자던 사람도, 어느 날부터 마을에 없게 되는 거지요.

그리고 아무도, 그들이 마을보다 더 좋은 곳이 있어서 돌아오지 않는 것이라고는 생각하지 않았습니다.

바다 쪽에서 몰아치는 사나운 비바람을 보면, 그런 생각을 할 수는 없었던 것이지요.

소인이 어떤 이유로 위비채에서 발걸음을 멈추게 되었는지, 이제 와서는 기억이 나지 않습니다.

어째서 한 동안 그곳에 머물렀는지도 기억이 나지 않습니다.

그 모든 것이, 소인이 젊었을 적, 그러니까 아주 오래 전 일이었기 때문이지요.

어쨌든, 그 마을에 오오손이라는 이름의 노인(老人)이 바로 이 나반이랑 같은 종류의 나반을 가지고 있었습니다.

보통의 나반하고는 다르게 저음(低音) 현이 두 줄 더 있지요.

그에 따라 연주법도 상당히 달라집니다.

오랫동안 대륙을 떠돌아다니다가 알게 된 사실이지만, 그런 나반은 아주 오래 된 형태의 것입니다……

그런데, 오오손이라는 노인이 그때 그 나반으로 연주하던 것은, 오직 반주뿐이었습니다.

그것도, 노래나 전쟁기(戰爭記)의 반주가 아니라, 오직 그 지방 춤의 반주였지요.

오오손은 대륙의 여러 곳에서 연주되고 있는 수많은 나반 곡(曲)이나 연주에 관해서는 아무것도 모르고 있었습니다.

오오손이 연주하던 반주는, 춤이 동반되지 않아서 그런지, 아주 공허한 것이었지요.

하지만 오오손은 어차피 나반이나 연주에 별다른 마음이 없었기 때문에, 그런 것은 아무래도 괜찮은 것이었습니다.

그는, 자신의 배를 타고 가까운 바다에 나가 물고기를 잡는 것으로 생활을 유지하는, 한 노인에 지나지 않았던 것이지요.

젊은 시절에는 춤추는 사람들을 위해 반주도 했겠지만, 늙어버린 다음에는, 온 마을이 잠든 깊은 밤에 가끔 한 번씩 처량한 소리를 내는 것뿐이었지요.

소인은 위비채에서 그 오오손이라는 노인에게 신세를 지고 있었습니다.

한 동안 그 노인의 고기잡이 일을 도우면서 그 대가로 음식과 잠자리를 얻었던 것이지요......

소인은 오랜 세월을 그런 식으로 살아왔지만, 어째서인지, 그 옛날 그 노인의 모습은 아직도 소인의 마음속에 고스란히 남아 있습니다.

이제 얼추 그 노인의 나이가 된 소인에게, 아직도 선명하게 말입니다.

어째서 그런지는, 나리께서 소인의 이야기를 들으시면서 생각해 보시지요, 호호호!

그런데, 나리!

지금, 비를 피해 저 나무 밑에 움츠리고 있는 저 날짐승이 도대체 왜 존재할까요?

세월이 소인에게 일러 준 바에 의하면, 목숨을 가진 모든 것들이 존재하는 이유는, 오직 다음 세대를 만들기 위함입니다.

이를테면, 어떤 짐승도 오직 새끼를 낳기 위해서 존재하는 것이고, 새로 태어난 그 새끼 또한, 다음 새끼를 낳기 위해 존재하는 것이지요.

나리처럼 젊으신 분께서는 동의하지 않으실지 모르겠습니다만, 사람들이 자신의 행복과 자신의 쾌락을 위해 행하고 있다고 생각하는 모든 일들이, 나중에 돌이켜보면, 사실은, 자식을 낳아 기르기 위한 일이었던 것이지요.

젊은 사람들은, 사랑이 자신의 행복을 위한 것이라고 착각하지요.

그렇지만, 그런 착각이라도 하지 않으면, 종족은 유지되지 못할 것입니다.

새 생명을 낳아 기르는 일에서 내일을 살아갈 힘과 희망을 얻든, 아니면, 자신이 새 생명을 위해 이용당했다는 생각에 분노를 하든, 너무 어리석지 않은 이상, 결국에는 깨닫게 되겠지요.

자신의 행복을 위해 했다고 믿었던 모든 노력들이, 사실은 종족을 유지하기 위한 노력이었다는 사실을 말입니다......

그러니, 그 옛날의 오오손이나, 이제는 그의 나이가 되어 있는 소인이나, 늙은 생명이란, 그저 하루하루를 연명하면서 죽는 날을 기다리는 것이 삶의 전부이지요.

세상은 늙은 생명에게 더 이상의 것을 허락하지 않는 것입니다.

사람이 늙게 되면, 남자나 여자나 할 것 없이, 이제 자식을 그만 낳으라는 이 세상의 계시를 듣게 되지요.

그리고는, 자신이 종족 보존을 위해 이용당한 것뿐이라는 사실을 깨닫게 되지요.

세상을 야속하게 생각하고 탄식해 봐야 소용없습니다.

세상은, 이미 사용이 끝난 존재들에게는, 관심이 없으니까요.

짐승들이나 사람들이나 자식을 낳아 기르는 것으로 사용이 끝나는 존재들이니, 더 이상 자식을 낳아 기를 수 없는 그들을 세상이 거들떠볼 이유도 없겠지만 말입니다, 호호호!

더군다나, 간혹 늙은 씨앗이 늙은 밭에 떨어지면, 세상은 통곡을 합니다.

저래서는 건강한 생명이 태어날 수 없다고 말입니다.

너무 늙어서 자식을 기르기도 힘들다고 말입니다.

늙은 밭에 늙은 씨앗이 떨어지는 것을 보고, 누군가는, 자연은 항상 낭비하는 법이라고 말했지만, 그래도, 말아야지요.

세상이 통곡할 그런 짓은 하지 말아야지요, 호호호호!

자연이 낭비를 하건 말건, 어쨌든, 오오손은 이미 끝나 있었습니다.

너무 늙어 버려서, 완전히 끝나 있었지요.

지금의 소인처럼 하루하루를 연명하면서, 그저 죽는 날만을 기다리고 있었습니다.

다른 많은 늙은이들이 그러했듯, 오오손 또한 자신의 운명을 잘 알고 있었고, 그 운명을 받아들였던 것이지요.

운명을 받아들이는 것 외에는, 달리 방법이 없기도 했지만 말입니다......

오오손에게는 작은 고기잡이배가 있었습니다.

비바람이 몰아치지 않는 한, 그 배를 저어 매일 같은 시간에 바다에 나갔지요.

멀리 나가지는 않았습니다.

그리고, 고기가 많이 잡혀도 적게 잡혀도, 같은 시간에 돌아왔습니다.

매일 배를 청소하고, 낚시 도구를 손봤습니다.

바다를 바라보기도 하고, 하늘을 올려다보기도 했습니다.

그런 엇비슷한 일들을 되풀이하는 것만으로도 하루는 다 갔고, 그런 하루가 매일매일 되풀이되고 있었습니다.

그렇다고는 하지만, 그런 오오손에게도, 다른 사소한 일들이 전혀 없었던 것은 아니었지요.

이를테면, 비바람이 몰아쳐 고기잡이에 나갈 수 없는 어떤 날에는, 집에서 나반을 잡는 일도 있었습니다.

춤을 추는 사람이 없는데도, 춤 반주를 하고는 했지요.

또 이를테면, 고기가 많이 잡힌 날에는, 그 중에 몇 마리를 골라, 역시 그 마을 한 구석에서 혼자 밭을 갈며 살고 있는 노파에게 갖다 주기도 했지요……

또 어떤 날에는, 아예 고기잡이를 하지 않고, 바다가 내려다보이는 높은 절벽 위의 들판까지 올라가, 하루 종일 하늘과 바다를 바라보기도 했습니다.

오오손은, 새파란 하늘에 뭉게구름이 떠 있는 모습을 아주 좋아한다고 했던 것 같습니다......

어쨌든, 늙은 오오손의 삶이란 것은, 그게 전부였습니다.

거의 아무 것도 없는 단조로운 삶이었지요.

하지만, 나리!

당연한 얘기입니다만, 어디를 가나 거의 대부분의 늙은이들은 오오손과 엇비슷한 삶을 살고 있습니다.

나리께서도 아시다시피, 이 마을의 늙은이들도 그러할 테고, 또 거의 모든 곳의 거의 모든 늙은이들이 그러하겠지요.

그런데, 그때 만약 아무도 아무 얘기를 해 주지 않았더라면, 오오손이라는 한 노인이 소인의 마음속에 이렇게까지 남아 있지는 않았을 것입니다......

이제 와서는 누가 무슨 얘기를 했는지 일일이 다 기억나지는 않습니다만, 이야기의 발단은 오오손에게 자식이 없다는 사실이었습니다.

위비채에는, 자식이 없는 노인들이 더 있었습니다.

자식을 낳아도 병으로 죽고, 혹은 이런저런 이유로 어느 날 마을에서 도망가 버리고, 아니면, 고기잡이에 나가서 돌아오지 않고...... 그런 식이었지요.

그렇지만, 오오손의 경우는, 다른 노인들의 경우와는 달랐습니다.

그에게는, 애당초 자식이 없었던 것입니다.

그리고 그 이유란 것이 참으로......

오오손은 위비채에서 태어나 자랐고, 일을 할 나이가 되고부터는 마을 사람들과 함께 고기잡이에 나갔습니다.

많은 고기를 잡아, 그 일부는 식량으로 쓰고, 일부는 그 마을에서 나지 않는 일용품으로 바꾸며 생활하고 있었지요.

위비채가 속해 있던 지방에는, 크고 작은 어촌들이 바닷가를 따라 늘어 있었습니다.

그 지방 마을에 사는 사람들은, 거의가 같은 식으로 생활을 영위하고 있었지요.

그리고, 기억도 나지 않는 옛날부터 바다를 두려워했습니다.

나리! 그 어떤 사람도 바다에서는 살지 못하지요.

그러니, 사람은 땅에 속해 있는 존재이지 바다에 속해 있는 존재가 아니라는 사실은, 분명합니다.

바다에 사는 존재들은 땅을 침범하지 않고, 땅에 사는 존재들은 바다를 침범하지 않습니다.

오직 사람들만이, 땅에 속한 존재들임에도 불구하고, 바다를 침범하지요.

또 그렇기 때문에, 바다의 모든 것을 주재(主宰)하는 바다의 신(神)은 바다를 침범하는 사람들을 몹시 불쾌하게 생각하고, 그래서 바다를 침범한 사람들에게 벌을 내립니다.

성난 비바람으로 배를 뒤집어, 그들을 죽이는 것이지요......

그렇지만, 먹고 살아가야 하고 더군다나 자식까지 낳아 키워야 하는 그들에게는 달리 방법이 없었던 것입니다.

바다에서 나는 것들이 필요하고, 또 그것을 필요로 하는 다른 사람들이 있는 한, 그들은 계속 그곳에서 살아가는 수밖에 없었지요.

가끔 이런저런 이유로 마을을 떠나는 사람이 없었던 것은 아니었겠지만, 물론, 마을을 떠났다가 이런저런 이유로 되돌아오는 사람도 있었겠지요.

결국, 그곳에서 살아가는 사람들이 할 수 있는 것이라고는, 바다의 신에게, 비는 것밖에 없었습니다.

자신을 포함해, 함께 일하는 사람들을 죽이지 말아 달라고요.

그래서, 기억도 나지 않는 옛날부터 그 지방 모든 마을의 모든 사람들이 하나의 제단(祭壇) 아래 모였지요.

거기서 그들은 바다의 신에게, 오직 바다에서만 나는 것들을 바치고, 바다 생명들의 움직임을 흉내 낸 춤을 바쳤습니다.

제단에 속해 있는 무희(舞姬)들은 이런 춤을 추었지요......

호호호! 그렇습니다.

낭초의 움직임 같지요?

어쨌든 그 모든 것들이 마치, 바다의 신에게, 자신들을 바다에 속한 존재로 보아 달라는 애원 같았습니다......

오오손 또한, 어릴 적부터 마을 사람들과 함께 그 제단 아래로 갔지요.

그리고는, 그때 그곳에 모인 다른 모든 사람들과 함께, 제단의 무희들이 바다의 신에게 바치는 춤을 추는 동안, 기도를 올렸습니다.

바다에 침범한 사람들을 아직까지 죽이지 않은 사실에 감사하고, 앞으로도 자신과 마을 사람들을 죽이지 말아 달라고 빌었습니다.

제단 위에서 춤을 추고 있는 무희들의 움직임에 마음을 떨며, 수많은 다른 사람들 속에서 그들과 마찬가지로 침묵을 지키며, 그렇게 빌고는 했습니다......

위비채를 비롯한 그 지방 마을의 아이들은, 제사에서 벌어지는 일을 흉내 낸 놀이를 하고는 했지요.

사내아이들은 바다의 신에게 바치는 기도문을 읽는 제사장의 엄숙한 모습을 흉내 냈고, 계집아이들은 무희의 춤을 흉내 냈습니다.

아이들에게 있어서, 그 지방 모든 마을 사람들이 모여 제사를 지내는 모습은, 상당히 인상 깊은 장면이었던 것이겠지요.

물론, 그들 중 한 둘은 나중에 실제로 제사장이 되고 무희가 되어 마을 사람들의 소원을 바다의 신에게 전할 것이었습니다만, 거의 모든 아이들에게 있어서 그런 유희는 성인이 될 때까지 계속되지는 않았습니다.

그리고 그것은, 위비채 마을의 오오손에게도 마찬가지였습니다.

이미 말씀드렸다시피, 오오손은 제사장의 흉내를 내는 대신, 나반을 들게 되었던 것이지요.

나리! 이곳도 마찬가지입니다만, 대륙의 어느 곳에도 사람이 사는 곳이라면, 춤과 노래와 술이 있습니다.

물론 그것은 위비채도 마찬가지였고, 그곳에서는 큰 고기잡이에 나갔던 마을 사람들이 무사히 돌아오면, 축제가 벌어졌습니다.

그럴 때는 모두가 기분이 좋았지요.

마을의 남자들이 악기를 연주하며 노래를 부르면, 여자들은 그 노래에 맞추어, 그 마을의 춤을 추었습니다.

술을 마시고 음식을 먹으며, 하루 종일 즐거운 기분을 만끽했지요.

바다의 신에게 바치는 제사 때와는 달리, 그런 축제 때는 침묵을 지킬 필요가 없기 때문에 노래를 부를 수도 있었고, 바다에서 나는 것이 아닌 술도 마실 수 있었고, 바다 생물들의 움직임을 흉내 낸 춤을 출 필요도 없었습니다.

위비채 마을 사람들은 이런 춤을 추었지요......

그리고, 마을 사람들이 춤을 출 때, 오오손은 나반을 들고 반주를 했습니다.

이런 반주였지요......

그 당시 위비채 마을 사람들은 모두, 히미앤이라는 마을 여자의 춤을 아주 좋아했습니다.

히미앤......

히미앤은 춤을 아주 잘 추었지요.

원래 그다지 밝은 성격의 여자는 아니었지만, 춤을 출 때는 조금 달랐습니다.

자기가 추는 춤에 취해서, 매우 즐거워했지요.

그리고 춤을 추지 않을 때는, 본래대로, 별로 말이 없고 묵묵히 일만 하는 여자로 돌아갔습니다.

히미앤은 원래 말수가 적어서, 어릴 적부터 함께 놀며 자랐던 오오손에게밖에는, 말을 잘 하지 않았습니다.

무슨 말을 하든, 오오손이 옆에 있어야 조금이라도 말을 했습니다.

오오손이 옆에 있어야, 마음 놓고 웃을 수도 있었습니다.

수줍음이 아주 많았지요......

마을 사람들은, 히미앤이 당연히 오오손하고 맺어질 것이라고 생각하고 있었습니다.

어째서인지 그녀는 어릴 적부터 오오손을 따랐고, 오오손을 의지하였습니다.

오오손 본인도, 그런 그녀를 당연하게 받아들이고 있었지요.

그래서 모든 사람들이, 오오손과 히미앤이 맺어져, 자식을 여럿 낳아 기를 것이라고 생각하고 있었습니다.

오오손이 마을 사람들과 함께 고기잡이에 나가면, 히미앤은 오오손을 기다렸습니다.

그리고, 멀리 고기잡이 나갔던 사람들이 무사히 돌아와 축제가 벌어지면, 오오손의 반주에 맞추어, 사람들 앞에서 춤을 추었습니다.

히미앤은 춤을 아주 잘 추었고, 마을 사람들은 모두 흥겨워했고, 오오손은 그 사실을 만족스럽게 생각했습니다.

히미앤 또한, 그때만큼은 활짝 웃으면서 즐거워했고, 말수도 많아졌지요.

그러던 어느 날, 축제의 흥겨움 속에서 누군가가 히미앤에게 제사 때 추는 춤을 춰 보라고 했고, 히미앤은 오오손의 반주에 맞추어, 바다 생물의 움직임에서 비롯된 춤을 흉내 내기 시작했습니다.

그러자, 오오손과 히미앤을 포함한 모든 사람들이 큰 소리로 웃기 시작했습니다.

원래 제사 때 추는 춤은, 그 어떤 반주도 없이, 침묵 속에서 추는 것이었습니다.

바닷물 속이란, 둔탁한 침묵만이 가득한 곳이기 때문이었지요.

그런데 오오손은 마을의 춤을 출 때 하는 반주를 하였고, 제사 때 추는 춤을 그 반주에 맞추어 추니, 모든 사람들이 그것에서 이상한 위화감을 느끼고는 웃음을 터뜨렸던 것입니다.

그리고 그때는 아무도, 거기에 이미 악운(惡運)의 씨앗이 뿌려졌다는 사실을 알아차리지 못했습니다......

히미앤은 계속 장난스러운 기분으로 춤을 추었지만, 그녀의 그 춤을 보고 있던 사람들의 얼굴에서는 이내 웃음이 사라졌습니다.

오오손도 웃다가 말았지요.

히미앤이 추었던 그 춤은, 제단 무희들의 춤을 흉내 낸 것이었지만, 뭔가가 달랐습니다.

오오손은 그때, 어릴 적부터 보아왔던 히미앤을 보고는 새삼스럽게, 어떻게 저렇게 아름다울 수가 있을까? 하는 생각이 들었다고 했습니다.

어떻게 저렇게 아름다울 수가 있을까?

히미앤의 춤을 보고 있던 사람들 사이에서는, 음...... 음...... 하는 신음소리가 새어나왔지만, 물론 그것이 언제까지고 계속되지는 않았습니다.

당연히 축제는 끝이 났고, 히미앤은 또 다시 말 없고 수줍음 많은 여자로 돌아갔고, 다른 모든 사람들도 신기했던 기억만을 가진 채 일상으로 돌아갔지요.

춤을 추고 노래를 부를 수 있는 기회는 이제, 다음 고기잡이가 무사히 성공한 다음에나 올 것이었습니다.

어떻게 저렇게 아름다울 수가 있을까?

어떻게 저렇게 아름다울 수가 있을까? 하는 생각을 하며, 오오손은 한 순간 불길한 것을 느꼈습니다.

하지만 많은 사람들이 그러하듯, 그 또한 자기 자신에게 편한 쪽으로 생각하고 싶었고, 불길한 생각은 이내 잊어버리고 말았습니다.

그리고, 작은 어촌의 일상은 계속되었지요.

남자들은 또 다시 고기잡이에 나갔고, 여자들은 마을에서, 살기 위해 필요한 그 나름의 일을 하며, 고기잡이에 나간 남자들이 무사히 돌아오기를 기다렸습니다.

히미앤은 여느 때처럼 말없이 일을 하면서, 고기잡이에 나간 오오손이 무사히 돌아오기를 기다리고 있었겠지요?

오오손 또한 긴장된 마음으로 고기잡이를 하면서, 히미앤이 기다리는 위비채 마을로 돌아가기를 기다리고 있었겠지요?

그런데, 나리!

어떤 일이 일어났는지 짐작이 가시지요?

호호호! 그렇습니다.

오오손이 고기잡이에서 돌아왔을 때, 히미앤은 마을에 없었습니다.

히미앤은 마을에 없었지요......

그리고 오오손은 히미앤을 찾았지요.

불길한 느낌에 사로잡혀 있던 오오손에게, 마을 사람들이 말했습니다.

제사장과 늙은 무희가 사람들을 데리고 마을에 찾아왔었고, 그들은 일을 하고 있던 히미앤을 불러내어 고기잡이 나간 사람들을 위해 춤을 추어 보라고 했고, 히미앤의 춤을 보고 나서는, 그녀를 데려갔다고요.

오오손은 불길한 예감 속에서 일을 하며, 히미앤이 돌아오기를 기다렸습니다.

그러나 며칠을 기다려도, 히미앤은 돌아오지 않았습니다......

오오손뿐만 아니라 마을 사람들 모두는, 이제 짐작을 할 수 있었지요.

히미앤이 돌아오지 않을 것이라는, 아니 돌아올 수 없을 것이라는 사실을 말입니다.

나리!

제단에서 춤을 추는 무희는, 그 지방의 모든 마을 사람들을 대표해서, 바다의 신에게 춤을 바치는 존재였습니다.

바다 생물들의 움직임을 흉내 낸 춤을 춤으로써, 바다의 신이 사람도 바다에 속한 존재라고 믿게끔 하려는 것이었지요.

무희는 오직 그것만을 했고, 아마 생각도 나지 않을 만큼 오래 전부터, 그렇게 해왔습니다.

다른 많은 일들도 그렇겠습니다만, 오래 된 일에는 일정한 형식이 생기고, 그것은 이후, 관습이 되지요.

무희는, 일단 무희가 되면, 춤을 출 수 없게 되지 않는 한, 제단에서 나올 수가 없었습니다.

바다의 신에게 사람 또한 바다에 속한 존재라는 것을 탄원하는 무희가, 자리를 벗어나 다른 사람들이 하는 행동을 하는 것은 불경스러운 짓이고, 그것은 신의 노여움을 불러일으킬 것이라고 믿었던 것이었지요.

이를테면, 바다의 생물들은 절대로 밭을 일구거나 하지는 않는 법이니까요.

들은 바로는, 제단에서 벗어날 수 없는 삶을 견디지 못하고 스스로 자신의 몸을 망가뜨린 무희들도 있었다고 합니다만, 대개의 무희들은, 체념을 하게 되지요.

제단에서 바다의 신에게 바치는 춤을 춘다는 것은, 그 지방 모든 마을 사람들의 목숨을 부지하게 하기 위한 행동이었고, 그것은 그 지방 모든 사람들의 소원이었고, 무희들은 모든 사람들의 소원을 짊어진 채 그들의 시선을 한 몸에 받고 있었으니까요......

그런데도, 당시 젊었던 오오손은, 결국 제단에 찾아갔습니다.

그 지방의 관습을 잘 알고 있었음에도 불구하고, 가만히 있을 수는 없었던 것이지요......

당연한 결과였습니다만, 히미앤을 찾아 제단으로 갔던 오오손은, 혼자서 마을로 되돌아올 수밖에 없었습니다.

이치는 간단했지요.

한 사람을 희생시킴으로써, 다른 많은 사람들의 희생을 줄일 수 있다는 것……

무희에게는, 병이 들거나 늙어서 춤을 출 수 없게 될 때까지 제단 밖으로 나갈 수 없다는 것이 고통이었겠습니다만, 그 지방 사람들이 바다에 나가 목숨을 잃는 것에 비하면 작은 희생이었지요.

그리고 아무도, 그런, 마음의 족쇄를 풀 수는 없었던 것입니다.

한 사람의 희생으로 다른 많은 사람들을 살릴 수 있다는 족쇄 말입니다.

너 하나 좋으면, 수많은 다른 사람들의 목숨은 아무래도 괜찮다는 것인가?

제사장의 그런 추궁에, 어느 누가 반론을 제기할 수 있었겠습니까?

속마음이야 어떠했던지 간에, 히미앤은 자신의 운명을 한탄하며 눈물을 흘릴 수조차 없었겠지요.

그리고 오오손은 혼자서 되돌아오는 수밖에 없었겠지요.

나리!

무희들은, 대개 어린 나이에 발탁됩니다.

춤이라는 것이 하루아침에 능숙해지는 것이 아니기 때문이라는 이유도 있겠지만, 세상 물정을 모르는 나이에 무희가 되어야만, 그런 삶에 회의하지 않고 익숙해지기 쉽기 때문이지요.

어린 나이에 무희가 되면, 아예 바깥세상을 잘 모르게 되니까요.

그리고 그런 이유로, 무희가 될 계집아이를 낳은 부모들도, 쉽게 체념할 수 있는 것이겠지요.

그러니 히미앤의 경우는 드문 경우였고, 또 그런 일은 위비채마을 사람들이 기억하는 한, 그 마을에 한 번도 없었던 일이었습니다.

마을 사람들은 오오손에게 해 줄 말이 떠오르지 않았는지, 모두 시간이 지나가기만을 기다리듯, 오오손을 가만히 내버려두었습니다.

그것은 마치 누군가가 그렇게 시킨 듯했고, 또 실제로 그랬는지도 모릅니다.

사람의 마음을 잘 아는, 마을의 늙은이들이 그랬는지도 모르지요.

시간이 지나면, 잊혀지게 되어 있는 것이다.

혈기가 가라앉으면, 체념하게 되어 있는 것이다.

지금 괜한 말로 자극하면, 반발심만 커져, 후회할 일이 생기게 될지 모른다...... 그런 식으로요.

나리! 빗물을 한 잔 얻어 마시고 싶습니다만......

오오손은 히미앤을 빼앗겼다는 사실에 대해 내색을 하지 않으려 노력했습니다.

하지만 아무리 노력해 봐야, 이전과 같을 수는 없었겠지요.

일단 말수가 줄고, 웃음이 줄었으니까요.

그리고 누구의 눈에도, 속으로는 하루 종일 히미앤 생각만 하고 있는 것처럼 보였겠지요.

누구도 실제로 그런 지적을 하지는 않았겠지만 말입니다.

참으로 안타깝고 불쌍한 일이었지요......

시간이 지나고 그 지방에 또 다시 제사가 다가왔을 때, 오오손은 더 이상 제사에 가지 않겠다고 마을 사람들에게 얘기했습니다.

사람들은 당연하게 생각했지요.

오오손은 제단에서 춤을 추게 될 히미앤을 보고 싶어하지 않았을 테니까요.

본다 한들, 마음만 상하고 말았을 테니까요......

하지만, 나리!

위비채 마을 사람들은 몰랐지만, 오오손은 사람들 사이에 끼어 있었습니다.

물론, 다른 마을 사람들 사이에 끼어 있었지요.

그 지방 사람들은 나중에, 히미앤의 춤에 대해 나름대로의 평을 했습니다.

헤엄치는 물짐승보다도 더 아름다웠고, 물짐승들의 움직임을 잘 알고 있는 사람들의 넋을 빼 놓기에 충분했고, 바다의 신께서도 쉽게 속을 만한 춤이었다는 등의 얘기를 했습니다.

제단 아래에 모였던 그 지방 모든 마을 사람들은, 무희가 춤을 출 때 침묵을 지켜야 했음에도 불구하고, 감탄하는 소리를 내었다고 했지요......

그렇지만, 막상 그 자리에 있었던 오오손은, 히미앤의 춤을 볼 겨를조차 없었습니다.

오오손은 히미앤의 표정을 살피느라 여념이 없었던 것입니다.

히미앤은 그저 계속해서 춤을 추고 있는 듯했습니다만, 오오손이 보기에, 히미앤의 눈은 계속 위비채 마을 사람들 사이에서 누군가를 찾고 있는 것으로 보였던 것이지요......

하지만, 춤의 움직임과 움직임 사이에서, 오오손은 히미앤과 시선을 마주칠 수가 없었습니다.

오오손은 위비채 마을 사람들 사이에 있지도 않았고, 제단으로부터 먼 곳에 있었으니까요.

오오손은 안달이 났고, 속에서 점점 분노가 솟아오르기 시작했습니다.

오오손이 제단을 향해 소리를 질렀을 때는, 춤은 이미 끝나 있었고, 히미앤은 제단 뒤로 들어가고 있었습니다.

히미앤은 흠칫 놀라 뒤를 돌아보았지만, 그 한 순간에 누가 어디서 소리를 질렀는지는 알 수가 없었겠지요.

어쩌면, 그 소리가 자신의 이름을 부른 소리였다는 것도 알지 못했을 것입니다.

위비채 마을 사람들도 엄숙한 제사 중에 소리를 지른 사람이 오오손이었다는 것은 알 수가 없었습니다만, 높은 제단 위에 서 있었던 제사장만은 오오손을 보았습니다.

제사장은, 얼마 전 감히 제단의 무희를 찾아왔던 남자를 기억했고, 자신이 그때 쫓아 보냈던 그 남자를 노려보았지요.

오오손은 제단 위에서 자신을 노려보던 제사장과 시선이 마주치자, 서둘러 그 자리에서 도망치듯 빠져나와, 마을로 돌아갔습니다......

그리고는, 꿈이 계속되었지요.

오오손은 그때부터, 밤마다 엇비슷한 꿈을 꾸었다고 했습니다.

그것은, 제단 위에서 깨어나는 꿈이었습니다.

벌거벗은 채로 잠에서 깨어나면, 자신이 어째서 제단 위에 있는지를 알 수가 없어서, 주위를 둘러보게 됩니다.

제단 주변에는 아무도 없고, 오오손은 이내 자신의 온 몸이 검은 색 문신으로 뒤덮여 있는 것을 발견합니다.

오오손은 당연히, 놀라며 그 문신을 살펴보았겠지요.

문신은 발등까지 뒤덮고 있었고, 얼굴까지 그러리라는 짐작을 하게 했지요.

문신은 모두 크고 작은 글자들로 이루어져 있었고, 오오손은 그 글자들을 읽습니다.

그 내용은 언제나, 제사장이 바다의 신에게 바치기 위해 제단 위에서 읊는 기도문이었습니다.

그것을 읽는 오오손의 목소리는 제사장의 목소리를 닮아가고, 그 소리에 놀라 문신에서 눈을 떼면, 그제야 꿈에서 깨어나게 되었던 것이었지요......

엇비슷했던 그 꿈은...... 어느 날까지 계속되었습니다.

그 날은, 오오손이 다시 제단으로 가서, 히미앤을 만났던 날이었지요.

그 날은......

오오손은 그날 밤, 어둠 속을 기듯이 걸어, 제단에서 마을로 돌아왔습니다.

눈앞은 컴컴했고, 숨은 금방이라도 넘어갈 듯했지요.

격통 속에서 억지로 걸음을 옮기면서, 어쩌면 그대로 죽어 버릴지도 모른다는 생각이 들었습니다.

피를 흘리면 흘릴수록, 마을로 돌아오는 컴컴한 길은 더욱 가물거렸습니다.

쓰러졌는지 안 쓰러졌는지도 몰랐습니다.

쓰러졌다가 다시 일어났는지도 몰랐습니다.

눈앞의 어둠은 계속 가물거렸고, 거친 숨소리만 들리고 있었습니다.

그 속에서 히미앤은, 숨소리에 맞추어 춤을 추고 있었습니다.

축제 때 추는, 위비채 마을의 춤이었습니다.

마을 사람들은 모두 손뼉을 치며 즐거워하고 있었습니다.

히미앤의 춤은 어느 새, 제사 때 제단에서 추는 무희의 춤으로 바뀌어 있었습니다.

밭일을 할 때 입던 옷도, 어느 새 제단 무희의 옷으로 바뀌어 있었습니다.

사람들은 손뼉 치는 것을 멈추었고, 거칠고 고통스러운 숨소리만 들려왔습니다.

그 숨소리에 맞추어, 히미앤은 물짐승의 움직임을 흉내 낸 춤을 추고 있었습니다.

손짓과 발짓과 모든 몸짓은, 물속을 미끄러져 나가는 듯했습니다.

어떻게 저렇게 아름다울 수가 있을까?

어떻게, 저렇게, 아름다울 수가 있을까?

마을 사람들이 정신을 잃은 채 쓰러져 있던 오오손을 발견한 것은, 다음 날 아침, 마을 어귀에서였습니다.

사람들은 오오손을 그의 집으로 옮겨 놓고 보살펴 주었지만, 오오손의 양쪽 다리 사이에 엉겨 굳어 있던 피에 관해서는, 결국 아무도 아무 말 하지 않았지요……

나리!

여전히 저 나무 밑에서 비를 피하고 있는 저 날짐승이 존재하는 이유는, 오직 새끼를 낳아 기르기 위함이라고 말씀드렸지요.

이제 비가 그치면, 저 놈도 새끼를 낳아 기르기 위해 날아가겠지요.

새끼를 낳아 기르기 위해 먹고, 새끼를 낳아 기르기 위해 자고, 새끼를 낳아 기르기 위해 날고…… 세상이 허락하는 한, 계속 그러겠지요.

그리고 새끼를 낳아 기르기에는 너무 늙어, 세상이 그것을 허락하지 않게 되면, 그때는 마치 하나의 껍질처럼 버려지겠지요.

그리고는, 소인과 같은 늙은 생명들이 그러하듯, 그저 하루하루 연명하면서 죽는 날을 기다리는 것이, 삶의 전부가 되겠지요.

목숨을 가진 모든 것들이 존재하는 이유는 자식을 낳아 기르는 것이기 때문에, 자식을 낳아 기르는 것을 빼면, 거의 아무런 할 일이 없는 것이지요.

자식을 낳아서 다 길러 낸 다음에는 딱히 할 일이 없어 공허한 것을 보면, 거의 모든 사람들이 평생에 걸쳐, 자식을 낳아 기르는 것 말고는, 이렇다 할 할 일이 없는 법이지요.

젊은 사람들이 그 모든 사실들을 깨닫는 데에 시간이 걸리는 이유는, 그들에게는 그런 모든 과정이 아직 끝나지 않았기 때문이겠지요.

세상이, 쾌락과 행복을 미끼로, 그들을 속이고 있는 것입니다.

그러니, 충분히 늙어서 세상으로부터 버림받기 전까지는, 그것을 깨닫기 힘든 법이지요.

하지만, 오오손의 상황은 달랐습니다.

오오손은 그때 비록 늙지는 않았습니다만, 이제 아이를 낳는다는 것이 불가능하게 되어 버렸고, 낳지를 못하니 기를 수도 없는 노릇이었습니다.

오오손은 다른 사람들과 달리, 젊은 나이에 갑자기 완전히 끝나 버렸지요.

히미앤과 그 지방에서 도망쳐 다른 곳에서 아이를 낳아 기르겠다는 꿈 또한, 이제 영원히 사라져 버리고 말았던 것이지요......

어쨌든, 제사장의 그 단순한 판단은 옳았습니다.

그때 이후로 오오손은 제단에 다시는 가지 않았으니까요.

그리고는 이제, 끝도 없이 계속될 것만 같은, 일상만이 남았습니다.

이제 그에게 남겨진 것은, 다른 늙은이들과 마찬가지로, 그저 살아 있기 위해 살아 있는 것뿐이었지요.

젊었음에도 불구하고 자신이 처하게 되었던 상황 때문에, 오오손은 어쩌면, 누구나가 결국에는 그렇게 될 수밖에 없다는 사실을 일찍 깨닫게 되었는지도 모릅니다.

오오손이 만약 다시 고기잡이에 나갔다고 한다면, 그 사실을 깨닫게 되었기 때문이 아니었을까요?

그리고, 이미 자식을 낳아 기른 늙은이들도 그냥 계속 살아간다면, 오오손 또한, 그냥 그렇게 살아갈 수 있는 것 아니었겠습니까?

흘러가지 않을 것 같던 시간도, 결국은 흘러갔습니다.

위비채 마을에도 계속해서 시간은 흘렀고, 아주 오랜 세월이 흘러갔지요.

너무 늙어서 더 이상 춤을 출 수 없게 된 히미앤이 위비채 마을에 다시 돌아오게 될 정도의 세월이 흘렀지요……

오오손은 그 오랜 세월 동안 단 한 번도 바다의 신을 받드는 제사에 참여하지 않았고, 그러니 히미앤을 보지도 못했습니다.

오오손은, 같이 고기잡이를 나갔던 동료들이 자식을 낳아 기르는 동안, 꿈만 꾸었지요……

바다가 내려다보이는 절벽 위의 들판에는 따뜻한 바람이 불고, 새파란 하늘에는 새하얀 뭉게구름이 피어 있지요.

들판의 풀들이 따뜻한 바람에 흔들거리고, 뭉게구름을 올려다보던 오오손이 문득 뒤를 돌아보면, 따뜻한 햇살을 받으며 오오손을 바라보고 있는 히미앤과, 히미앤이 가슴에 안고 있는 갓난아이가 보이지요.

푸른 들판의 풀들은 바람에 흔들거리고, 젖빛의 갓난아이를 안은 히미앤은 햇살을 받아 하얗게 빛나는 얼굴로 오오손을 바라보며, 미소 짓고 있지요……

꿈은 꿈인 채로 계속되었고, 어느 날, 더 이상 춤을 출 수 없을 정도로 늙어 버린 히미앤이 마을로 돌아왔습니다.

오오손 또한, 이미 노인이 되어 있었습니다.

큰 바다에 고기잡이를 나가기에는 너무 늙어 있었고, 그래서 작은 배로 가까운 바다에만 나가고 있었지요.

오오손은 그랬고, 히미앤은, 그 옛날 자신이 일했던 밭에 다시 나가게 되었습니다.

두 사람 모두, 마을에 사는 다른 노인들과 다를 것이 하나 없는 존재가 되어 있었던 것이지요.

물론 오오손과 히미앤에게는 자식이 없었지만, 그 마을에는 거친 바다나 몹쓸 병에게 자식들을 모두 잃은 노인들도 여럿 있었고, 혼자 남아 죽을 날을 기다리고 있던 노인들도 여럿 있었으니까요.

그리고는 또 다시, 끊임없는 일상과 엇비슷한 나날이 계속되었던 것입니다......

나리!

말씀드렸다시피, 늙은 오오손의 삶이란, 다른 많은 노인들의 삶이 그러하듯, 단조롭기 그지없는 것이었습니다.

거의 매일 작은 고기잡이배를 저어 가까운 바다에 나갔다가, 고기가 많이 잡히든 적게 잡히든, 같은 시간에 돌아왔습니다.

그리고는 배를 청소하고, 낚시 도구를 손보고……

바다가 거칠어 고기잡이에 나갈 수 없는 날에는, 소인이 가지고 있는 이런 구식의 나반으로, 춤을 추는 사람이 아무도 없는데도 혼자서 처량한 춤 반주를 하고…… 새파란 하늘에 새하얀 뭉게구름이 피어 있는 날에는, 바다가 한눈에 내려다보이는 절벽 위의 들판으로 올라가, 하루 종일 하늘과 바다를 바라보았고…… 그리고, 고기가 많이 잡힌 날에는, 마을 한 구석에서 밭을 갈며 살고 있는 늙은 히미앤에게 나누어주기도 했지요……

그런 모습들이, 소인의 뇌리에서, 아직도 사라지지 않습니다.

소인은, 오오손이 자신의 운명에게서 받아들인 절망과 체념에서, 아름다움을 보았지요.

체념은 아름답고, 미련은 추한 법이지요.

그런데 오오손은, 모든 것을 같은 자리에서, 있는 그대로 받아들였던 것입니다.

아마도 오오손에게는 수많은 번뇌와 고통이 있었겠지요.

오랜 세월 동안, 번뇌와 고통이 계속되었겠지요.

하지만, 오오손은 계속 그 자리에 있었습니다.

나반으로 처량한 춤 반주를 하면서, 새파란 하늘에 피어 있는 새하얀 뭉게구름과 절벽 위의 푸른 들판을 바라보면서, 오오손은 계속 그 자리에 있었지요.

그리고는 결국, 늙어 돌아와 혼자서 밭을 갈며 살고 있는 히미 앤에게 물고기를 나누어 주었지요.

둘 다 말이 없었고, 둘 다 죽음을 기다리고 있었지요......

나리!

비가 이미 그쳐 있네요.

소인은 이제 다시 길을 떠나야겠습니다.

이런 구차한 삶이나마, 이어가야겠지요.

해가 지기 전에 다음 마을에 닿을 수 있으면 좋겠습니다만......

나리!

음식과 잠자리를 베풀어 주신 것에, 다시 감사드립니다.

관대하신 나리의 평안을 기원하겠습니다.

그럼, 소인은 이만......

예?

소인의 이름, 말씀이시옵니까?

소인의 이름 따위를 무엇에 쓰시려고......

소인은, 나리께서 이름을 알아두실 가치조차 없는 구차한 떠돌이에 불과하지만, 나리께서는 이미 소인의 이름을 알고 계십니다, 호호호!

소인이 몇 번이고 몇 번이고 일러드렸지요, 호호호호!

그럼, 안녕히......

우리가 아름다웠을까요

관인(官人) 나리!

소인(小人)이 촌장(村長)이옵니다만......

예, 왔었습니다.

그때가...... 수확이 거의 끝나갈 무렵이었으니까, 사사이 초일(初日)쯤 되었을 겁니다.

예, 그랬습지요……

예?

자초지종을요?

예……

그날…… 마을 사람들이 불러서 나가 보았더니, 나이 서른 얼마로 보이는 외지(外地)의 여자가, 읍소(泣訴)를 하는 것 아니겠습니까.

마을 어귀에 사람이 쓰러져 움직이지 못하고 있으니, 와서 도와달라는 것이었습니다.

그래서, 소인은 그 길로 마을 사람들과 함께 여자를 따라가 보았지요.

가 보았더니, 과연 사람 하나가 길가에 쓰러져 있는 것이 보였습니다.

가까이 가서 보았더니, 역시 나이 서른 얼마로 보이는 남자 하나가 아주 조잡한 들것 위에 누워 있는 것이었습니다.

그것이 어인 일인지를, 소인은 금방 짐작할 수 있었습니다.

그 나이에 참으로 안된 일이었지만, 남자는 속앓이를 앓고 있음이 분명했습니다.

사실인즉, 속앓이에 당할 대로 당해서, 결국 쓰러졌던 것이었지요.

굵은 핏줄이 엉켜 있는 커다란 혹들이, 벌써 턱 바로 밑에까지, 여러 덩어리가 자라 있었습니다.

남자가 더 이상 걷지도 못하게 되자, 여자는 들것을 만든답시고 만들어서, 남자를 끌려고 했던 것이었습니다.

그런데, 설령 그 여자가 들것을 제대로 만들었다고 해도, 그 남자를 끌 수는 없었을 것입니다.

그럴 만한 힘이 있어 보이지도 않았는데, 게다가 둘이서 져야 할 만큼의 짐까지 있었으니까요.

짐들 사이에서 악기를 보고 짐작은 했었지만, 남자와 여자는 결국 악사와 무희였습니다.

떠돌이들이었지요……

소인은 마을 사람들에게 얘기해서, 일단은 남자와 여자를 마을까지 데려갔습니다.

보시다시피, 이런 마을에 숙(宿) 하나 있을 리 없으니, 이제는 아무도 살지 않는, 빈집으로 데려다 주었지요.

마을 사람들이 남자를 자리에 눕히고 짐까지 들어다 놓고 나자, 여자는 연신 고맙다고 말하며, 품에서 돈을 꺼내어 사람들에게 나누어 주려 했습니다.

소인은 머뭇거리는 사람들을 제치고, 여자에게, 그럴 필요 없으니 돈을 거두라고 했지요.

그런데 여자는 이미 신세를 졌고, 잠시나마 신세를 더 져야 할 것 같다고 말하면서, 돈을 거두지 않더군요.

그래서 소인은 다시 여자에게, 어차피 이런 마을에는 돈이 있어 봐야 별 소용이 없으니까, 필요한 것이 있으면 기꺼이 도와주겠다고 말해 주었습니다.

그러자 여자는, 의술사를 불러다가 남자를 보게 해야 한다고 했습니다.

보시다시피 이런 마을에 의술사가 있을 리 없으니...... 의술사라면 큰 마을에 가서 불러와야 하는데, 그렇게 하겠느냐고 소인이 여자에게 물었지요.

여자가 제발 부탁드린다고 하기에, 소인은 여자의 손에서 돈 한 조각을 집어다가 마을의 젊은 놈에게 쥐어 주며, 지금 당장 가서 의술사를 불러 오라고 시켰습니다.

여자는 다시 또, 고맙다는 말을 반복했습니다.

소인은 마을 사람들에게, 먹을 것을 가져다주라고 말해 놓고, 의술사가 오거든 알려 달라고 해 두고는, 일단은 거기에서 나왔습니다……

의술사가 마을에 도착한 것은, 그날 해가 지고 나서였습니다.

의술사가 왔다는 소리에, 소인은 남자와 여자가 머물고 있던 곳으로 다시 가 보았지요.

선 채로 말없이 남자를 쳐다보고 있던 의술사는, 소인이 나타난 것을 알아차리더니, 눈짓으로 소인을 밖으로 불러내었습니다.

저들이 누구냐고 의술사가 묻기에, 소인은, 아마도 떠돌이들인 것 같다고 대답했습니다.

그러자 의술사는 소인에게 대뜸, 저 남자는 이미 죽은 것이나 다름없으니, 그렇게 알고 있으라고 말하고는, 다시 안으로 들어갔습니다.

소인도 따라 들어갔지요.

의술사는 여자에게 남박치 한 덩어리를 내밀면서, 음식에 새끼손톱 만큼씩만 섞어 먹이되, 한꺼번에 너무 많이 먹으면 바로 죽는다고 경고하고는, 자리를 뜨려 했습니다.

그러자 여자는 의술사를 붙잡고는 돈을 내밀며, 남자가 나을 수 있겠느냐고 물었습니다.

의술사는 몇 번인가 고개를 가로로 젓고는, 돈을 받으려 하지도 않고 밖으로 나가 버렸습니다.

소인이 의술사를 뒤따라 나가면서 보았을 때, 여자는 땅바닥을 물끄러미 바라보고 있었는데, 그것은, 소인이 의술사를 배웅하고 되돌아왔을 때도 마찬가지였습니다.

여자는 말도 없이 표정도 없이, 그저 땅바닥을 물끄러미 바라보고 있었지요.

마을 사람들이 음식을 가져다 놓은 것을 확인하고는, 더 이상 할 일도 할 말도 없었기 때문에, 소인과 마을 사람들은 남자와 여자를 남겨 두고 모두 돌아갔습니다.

그날은 그렇게 끝났습니다……

초죽음이 되어서 말도 못하고, 눈도 뜬 듯 감은 듯 하고 있던 남자는, 남박치를 섞은 음식을 몇 끼 먹더니, 기력을 조금이나마 되찾은 듯했습니다.

이튿날 소인이 가서 보았을 때는, 남자는 몇 마디 말도 했습니다.

그 몇 마디라는 것이, 전부 아프다는 푸념이었지만, 그래도 얼굴을 찡그릴 만큼은 기력을 되찾은 것이었지요.

그 다음 날은, 별 일이 없었습니다.

아마도, 별 일 없었을 것입니다......

그리고 다시 그 다음 날, 마을 사람들은, 남자와 여자가 싸우는 소리를 들었다고 했습니다.

무슨 일로 싸우고 있었는지는 알 수 없었지만, 마을 사람들은 남자가 소리치는 것을 들었고, 여자가 울면서 뛰쳐나오는 것을 보았다고 했습니다.

그것은 나쁜 징조였지요.

기력이 갑자기 그렇게 많이 돌아오면 안 되는 것이었습니다......

소인이 사람들에게 그런저런 얘기를 듣고 얼마 지나지 않아, 여자가 소인을 찾아왔습니다.

남자의 심부름으로 서신(書信)을 보내야 하는데, 큰 마을에 가면 서신을 보낼 수 있느냐고 묻더군요.

그에 소인은, 그렇다고 말해 주었습니다.

큰 마을에 가서 일단 물표(物標)꾼을 찾으면, 물표꾼이 사람을 사서 서신을 보낼 수 있게 해 줄 것이라고요.

그런데, 어떻게 하면 서신을 보낼 수 있느냐고 묻는 것이 아니라...... 대뜸 큰 마을에 가면 서신을 보낼 수 있느냐고 묻는 것이 수상쩍어서, 소인은 짚어 보았습니다.

남박치는 쓰러진 보하도 일으켜 세우는 것이라, 달라는 대로 다 주면, 염통이 터져 버릴 수도 있다고 경고했지요.

여자는 소인에 말에 흠칫 놀라 눈을 크게 떴지만, 이내 마음을 가라앉히는 것 같더니...... 남자가 자꾸 달라고 한다고, 마치 애원이라도 하듯이 변명을 하더군요.

소인이 속으로 생각하기에는, 어차피 이렇게 죽으나 저렇게 죽으나 마찬가지이니, 차라리 고통이라도 덜고 죽는 것이, 오히려 더 나을 수도 있을 것 같았습니다.

가축에게도 속앓이를 견디라고 내버려 두지는 않는 법인데, 아무리 들짐승이나 진배없는 떠돌이라 해도, 하물며 사람에게 그럴 수는 없는 노릇이었으니까요.

그래서 소인은 그에 관해 더 이상 말을 하지 않았습니다.

그래도, 큰 마을로 가는 길만은 일러 주었지요.

여자도 그에 관해서는 더 이상 말을 하지 않았고, 고맙다는 말만을 되풀이하면서 돌아갔습니다......

여자가 그날 큰 마을에 갔다 왔는지, 그 다음 날 갔다 왔는지, 소인은 알지 못했습니다.

사실은, 갔다 왔는지 어쨌는지조차도 모르고 있었지요.

다만, 그 이튿날 저녁에 여자가 집집마다 찾아다니며 사람들에게 똑같은 말을 건네는 것은 보았습니다.

말인 즉, 내일 저녁 마을 한가운데서 연(演)을 한다는 것이었습니다.

돈은 안 받을 테니 걱정 말라고 하더군요.

소인도 그랬으니, 마을 사람들도 모두, 이게 어인 난데없는 일인가 싶었을 것입니다.

큰 마을도 아니고, 보시다시피 이런 마을이니, 설마 이런 마을에서 연(演)을 구경하게 될 줄이라고는, 아무도 생각지 못했지요.

여자가 마을 한가운데에 커다랗게 원(圓)을 그려 놓고 돌아갈 때까지, 사람들은 호기심에 차서 그 모습을 쳐다보았습니다......

다음 날 저녁이 되어서는, 마을 사람들 모두가 너 나 할 것 없이 마을 한가운데에 모였습니다.

여자 혼자서 무슨 연(演)을 얼마나 하겠느냐고 수군거리면서도, 전날 여자가 그려 놓은 원 안으로는 들어가지 않고, 원 바깥쪽에 둘러앉아, 얌전히 기다렸지요.

그러자, 과연 나타났습니다.

마을 사람들이 고개를 내밀고 쳐다보고 있는 곳에, 붉고 하얗게 빛나는 아름다운 여인의 모습이 드러났습니다.

피처럼 붉은 옷으로 온몸을 둘러싸고, 쇳조각을 얇게 갈아 반짝이는 장신구를 머리 곳곳에 꽂고, 머리카락에는 색색의 실을 엮어 늘어뜨린 여인이, 남자의 손을 잡고 천천히 걸어오고 있었습니다.

아무도 설마 나타나리라고는 생각지 못했던 남자는, 윤기가 전혀 없는 시커먼 옷을 입고, 줄이 여러 가닥 달린 악기를 가슴에 메고, 여인의 손을 잡고 천천히 걸어오고 있었습니다.

마을 사람들이 둥그렇게 모여 있던 곳으로부터 열 걸음 앞에서, 여인과 악사는 갑자기 멈추어 섰습니다.

마을 사람들이 침을 꿀꺽 삼키는 사이, 여인은 악사의 손을 놓고 악사 앞에 서더니, 장신구의 짜랑짜랑 하는 쇳소리를 울리며, 좌우를 번갈아 바라보는 듯한 이상한 걸음걸이로, 한 걸음 또 한 걸음 느리게 걷기 시작했습니다.

아무도 말을 하지는 않았지만, 앞서서 이상한 걸음을 걷는 여인과, 한 걸음 또 한 걸음 뒤따르는 악사가, 원 안으로 들어갈 수 있도록 길을 터 주었습니다.

사람들은, 마치 다른 사람이라도 된 듯 변신을 해서는 원 안으로 들어와 이제 눈앞에 서 있는 여인과 악사의 아름다운 모습에 감탄하여, 한숨을 내쉬었습니다.

피처럼 붉은 옷 밖으로 드러난 여인의 얼굴과 목과 손은 새하얗게 화장을 하여 눈앞에서 뿌옇고, 그 위에는 가늘고 검은 선(線)들이 흘러 다니며, 눈앞에 아름다운 귀신(鬼神)이라도 그려 내는 것 같았습니다.

윤기 하나 없는 검은 옷 안에, 목에서부터 감아 내린 진회색의 고운 천을 땅에까지 늘어뜨리고, 줄이 여러 가닥 달린 악기를 손으로 쥔 채, 마치 인형이라도 된 듯 움직이지도 않았던 악사는, 기다리고 있었습니다.

무희가 움직이기를 기다리고 있었던 것입니다.

모든 사람들이 숨을 죽이고 쳐다보고 있던 중, 허공을 노려보고 있던 무희는, 갑자기 몸을 움츠렸습니다.

무희가 단 한 번 움직였을 뿐인데, 가슴은 고동치기 시작했습니다.

정적 속에서 갑자기 춤이 시작되더니, 차츰차츰 소리 없는 박자가 만들어져갔고, 그에 맞추어 악기가 울리기 시작했습니다.

소인은 그런 것을 본 적이 없었지요.

그것은, 소름이 끼치도록 요염한 연(演)이었습니다.

무희와 눈이 마주칠 때마다 섬뜩섬뜩해지면서, 온몸의 터럭이 곤두서는 것이었습니다.

그러다가 무희는 갑자기 두 박자를 마치 한 박자인양 천천히 움직였고, 그러더니, 어디에서 그런 소리가 나오는 것인지, 귀를 찌르는 듯한 요사스러운 목소리를 터뜨렸습니다.

정신이 아찔해졌습니다.

무희가, 가희가, 피처럼 붉은 옷을 나부끼며 눈앞을 흘러 다니자 노랫소리도 눈앞을 흘러 다녔고, 혼백(魂魄)도 따라 흘렀습니다.

소름끼치도록 요염한 춤과 요사스러운 목소리를 살금살금 뒤쫓던 악기 소리는, 몸을 움츠리고 고개를 숙이는 무희를 따라 잦아들어가는 듯했습니다.

그러나 갑자기 눈을 치켜뜬 무희는 무시무시한 표정으로 악사를 노려보며, 춤보다 더 큰 몸부림을 빌어, 다시 노랫소리를 토하기 시작했습니다.

그에 따라 악사는 미친 듯이 줄을 튕기고, 소리는 불꽃처럼 일었습니다.

무희의 몸부림은 박자를 타면서 어느 새 춤으로 변해 있었고, 악사는 더 크게 더 빠르게 줄을 튕기며, 쇠가 갈리는 듯한 처절한 목소리를 터뜨렸습니다.

피처럼 붉은 무희는, 손끝에서 발끝에서 귀기(鬼氣)를 흘리며 소름이 끼치도록 요염한 춤을 추며, 요사스러운 노랫소리와 함께 눈앞을 흘렀습니다.

시커먼 옷으로 둘러싸인 악사는, 미친 듯이 줄을 튕기며 처절한 노랫소리를 뱉어내며, 창백한 얼굴로 두 눈을 끔뻑거리며, 부들부들 떨고 있었습니다.

붉은 무희가!

검은 악사가!

노랫소리가!

아아!

그것은 마치, 춤과 노래와, 붉은 피와 시커먼 죽음이 뒤엉켜서

뒤엉켜서

소인과 같은 무지한(無知漢)이 보기에는

그것은 마치

붉은 피와 시커먼 죽음이 뒤엉켜서

기괴한 성교(性交)를 하는 것 같았습니다.

눈앞이 가물거렸습니다.

숨이 막혀왔습니다.

악사는, 가수는, 남아 있던 생명을 한꺼번에 소진하고 있었습니다.

무희는, 가희는, 눈물을 흘리고 있었습니다.

악기가 크게 한 번 휘청 하더니, 소리가 끊어져 버렸습니다.

춤은 멎어 버렸습니다.

귀기는 사라져 버렸습니다.

아차!

소인은, 그제서야 아차 싶었습니다.

아차! 남박치......

연(演)은, 한 곡이 채 끝나기도 전에, 끝나 버렸습니다.

악사는 쓰러지고 나서도 눈을 부릅뜨고 있었지만, 말은 할 수가 없었습니다.

무희의 품에 안겨, 눈은 무희를 쳐다보고 있었지만, 말은 할 수가 없었습니다.

악사를 끌어안고 눈물을 흘리고 있던 무희는, 사람들에게 물었습니다.

우리가 아름다웠느냐고 물었습니다.

사람들은, 악사와 무희에게, 아름다웠다고 말해 주었습니다.

너무나 아름다워서, 숨이 넘어갈 뻔했다고 말해 주었습니다.

무희는 눈물을 흘리면서도 웃었습니다.

그리고는 악사를 쳐다보며 연신 고개를 끄덕여 보였습니다.

무희의 품에 안겨서 눈을 부릅뜨고 있던 악사는, 그제서야 숨을 길게 내쉬었습니다.

사람들이 둘러싼 가운데, 여자는 죽은 남자를 쳐다보며 울다가 웃다가를 반복했습니다.

그러나 언제까지고 그렇게 놔 둘 수는 없었기 때문에, 마을 사람들은 결국, 남자와 여자를 다시 빈집으로 데려다 주었습니다.

그날은 그렇게 끝났고, 마을 사람들은 모두 집으로 돌아갔고, 소인도 마찬가지였습니다……

그런데, 근 사흘이 지나도록 여자로부터는 아무런 소식이 없었습니다.

마을 사람들 얘기로는, 여자가 하루 종일 죽은 남자 옆에 앉아 있을 뿐이라는 것이었습니다.

송장을 그렇게 상하게 놔두면, 역신(疫神)이 들어설지도 모르는 일이었기 때문에, 마을 사람들도 슬슬 걱정하는 눈치였습니다.

그때까지는 불쌍타고 그대로 놔두었지만, 더 이상은 그럴 수가 없었습니다.

그래서 사흘째에, 소인은 여자를 찾아갔습니다.

가서는, 역신이 들어서면 안 되니까, 송장을 태우든가 땅에 묻든가 해야 한다고 말했습니다.

여자는 별 다른 말을 하지 않았습니다.

그저, 그대로 묻어 달라고만 했지요.

악사 옷을 입은 그대로 묻어 달라는 것이었습니다.

악사 옷을 입든 안 입든, 그런 것은 아무런 문제도 아니었기 때문에, 마을 사람들은 그렇게 해 주었습니다.

마을 어귀를 조금 지나, 길가에 있는 풀밭에 구덩이를 파고, 남자를 묻어 주었지요.

흙을 덮기 전에, 남자가 쓰던 악기를 구덩이에 내려놓으면서, 여자는 목을 놓아 통곡하더군요.

잠시 동안은 그렇게 하라고 내버려 두었지만, 아무 데서나 죽어, 장례도 없고 무덤도 없는 것이 떠돌이의 운명이니, 어쩌겠습니까.

사람들은 결국 흙을 덮었지요......

마을 사람들은, 넋이 나가 주저앉아 있던 여자를 다시 빈집으로 데려다 주었고, 그날은 그렇게 끝났습니다......

그 이튿날, 마을 사람들이 소인을 찾아와서는 말했습니다.

여자가 비록 떠돌이기는 하지만, 이제는 짝을 잃고 오갈 데도 없을 텐데, 마을에 정착해서 살게 하면 어떻겠느냐고요.

소인은 사람들에게, 떠돌이가 괜히 떠돌이가 되는 것이 아니라고 얘기해 주었습니다.

그래도 사람들은, 여자가 얼마든지 일도 할 수 있고, 아직은 아이도 낳을 수 있고, 게다가 심성(心性)도 고운 것 같으니, 가서 한번 물어보기라도 하라고 우겨댔습니다.

소인은 결국 사람들에게 떠밀려, 함께 여자를 찾아가 보았지요.

가서 보니, 여자는 더 이상 울고 있지는 않았습니다.

초췌하기는 했지만, 제정신인 것 같았습니다.

소인은 그것을 보고, 여자에게, 이제 어떻게 할 것이냐고 물어보았습니다.

그랬더니 여자는, 이제까지 신세를 많이 졌지만, 내일이라도 떠날 것이라고 대답하더군요.

여자가 말뜻을 잘못 받아들인 것 같은 기분이 들어서, 소인은 어쩔 수 없이, 말을 다 꺼내는 수밖에 없었습니다.

일이 없으면 이제 빨리 떠나라는 그런 뜻이 아니라, 오히려 오갈 데가 없으면 여기에 머물러도 된다는 뜻이라고 말해 주었습니다.

마을이, 보기보다는 넉넉하니, 여기에 정착해서, 이듬해부터 함께 농사를 지어도 된다고 권해 보기도 했습니다.

소인의 말에, 여자는 연신 고맙다고 하더군요.

하지만 남자와 약속한 것이 있어서, 약속을 지키려면, 도시(都市)까지 가야 한다는 것이었습니다.

소인은 일부러 뒤를 돌아, 마을 사람들을 쳐다보았습니다.

사람들이 아무 말도 하지 못하고 있기에, 떠돌이가 괜히 떠돌이가 되는 것이 아니라는 말을 되풀이할 필요조차 없었습니다.

그래서 소인은 바로 되돌아왔지요......

그런데, 여자가 죽었다는 것이었습니다.

이튿날 아침, 마을 사람들이 떠들썩하게 부르는 소리에 나가 보니, 여자가 죽어 있다는 것이었습니다.

무슨 일이 있었는지 금방 짐작이 갔기에, 소인은 사람들에게 묻지도 않고, 여자가 머물고 있던 빈집으로 서둘러 가 보려 했습니다.

그랬더니 사람들이, 그쪽이 아니라고 하더군요.

여자는, 남자가 묻혀 있는 곳에 죽어 있다는 것이었습니다.

소인은 가서 보았습니다.

마을 어귀에, 남자를 묻었던 자리에는 땅이 파헤쳐져 있었고, 시커먼 옷을 입고 시퍼렇게 썩어가는 악사 옆에, 피처럼 붉은 옷을 입고 머리 곳곳에 쇳조각으로 만든 장신구를 꽂은 무희가, 얼굴과 양손이 피범벅이 되어 누워 있더군요.

무희의 어깨 언저리에는, 손 크기의 작은 칼이 보였습니다.

그리고 잘 살펴보니, 아니나 다를까, 무희의 목에는 칼자국이 몇 개인가 보였습니다.

짐작컨대, 그 작은 칼로 밤새도록 땅을 파고는, 악사 옆에 누워서 자신의 목을 찌른 것 같았습니다.

칼로 목을 찌른다 한들 그렇게 쉽게 죽을 수 있는 것이 아니니, 아마도 당황해서 몇 번이고 다시 찌른 것 같았습니다.

소인은 그 모습을 한참 동안 바라보았습니다.

어떤 사정이 있었는지는 알 수가 없었지요.

약속을 지켜야 한다더니, 어째서 그랬는지도 알 수가 없었습니다.

그렇지만 결국, 그 자리에 그렇게 묻어 달라는 것만은 알 수 있었습니다.

그렇지 않았다면, 굳이 땅을 파내고 악사 옆에 무희가 되어서 죽지는 않았을 테니까요.

그래서 마을 사람들은 결국, 악사와 무희를 그 모습 그대로 두고, 흙을 덮어 주었습니다.

그대로 흙을 덮어 주었는데...... 사실, 그것 말고는 별 다른 방도가 떠오르는 것도 아니었습니다......

예?

여자를 데리러 오라는 서신이 왔었다고요?

예...... 감찰관 연족(緣族)의 따님이시라고요.

그렇지만......

아, 예...... 그래도 데려가셔야 한다고요.

예, 그럼, 소인이 안내해 드리겠습니다.

......

......

......

......

이게, 어찌 된 일일까요?

아닙니다, 거짓이 아닙니다, 나리!

무희도...... 따님도, 소인이 분명히 봤습니다.

그런데, 이게 어찌 된 일일까요?

따님도, 분명히 여기에 누워 있었는데......

마을 사람들을요?

예, 한 명도 빠짐없이 모두 불러 모으겠습니다.

......

송장이 어째서 사라졌을까......

......

대체 어떤 놈이......

알마진

모외 선생님, 보십시오!

우선, 모도일리 꽃 씨앗을 보내 주신 것에 감사합니다.

꽃에 얽힌 이야기를 듣고 나니, 앞으로 어떤 꽃이 피어날지 기대가 됩니다.

새하얀 꽃잎에 붉은 핏방울이 맺히기를 바라기도 하고, 동시에, 그러지 않기를 바라기도 하고...... 참으로 애매한 기대입니다.

하여간 결과는 차후에 알려 드리기로 하고, 이제, 문의하신 알마진 사건을 요약해 드리겠습니다.

무라빈 지역 第16감찰청의 감찰관 한 명이, 감찰업무 도중 실종되었습니다.

감찰관은, 지정된 귀청일에서 며칠이 경과했는데도, 귀청하지 않았고, 귀가하지도 않았습니다.

감찰청에서는 수사를 시작했습니다.

실종된 감찰관이 지나간 길을 따라 탐문을 한 결과, 그가 알마진 지구(地區)에서 실종되었다는 사실을 알 수 있었습니다.

알마진에서 탐문을 하던 수사관들은, 그곳 주민들 중 몇 명의 태도에서 일상적이지 않은 것을 발견했습니다.

더욱이, 알마진 지구 이외에서는 의혹이 갈 만한 사실이 전혀 나타나지 않았기 때문에, 수사관들은 알마진 지구로 통하는 모든 길을 차단하고, 감찰청에 병력(兵力)을 요청하였습니다.

수사관들은 알마진의 주민들 중에서 태도가 수상한 몇 명을 선별하였습니다.

수사관들이 판단컨대, 그 몇몇 주민들은 애써 평정을 가장하고 있었습니다.

무엇인가를 알고 있으면서도 그것을 감추고 있었던 것입니다.

수사관들은 주민들 중에서, 의지가 약하면서도 삶에 대한 집착이 강한 사람 한 명을 다시 선별하였습니다.

자신이 하루 더 살기 위해서라면 인류를 멸망시킬 준비가 되어 있는 사람을 골라내어야 일이 수월하다는 사실을 수사관들도 잘 알고 있었습니다.

수사관들은 그에게 고문을 하겠다고 위협했습니다.

그 사람은, 쇠꼬챙이를 불에 달구기도 전에, 자신이 알고 있는 모든 사실을 실토했습니다.

알마진 지구는 고립된 지역이고, 빈민들이 몰려 사는 지역입니다.

작은 산 크기의 언덕에 빈가(貧家)들이 밀집해 있고, 가히 미로라 할 수 있는 그곳의 모든 길들은 불결하고 비좁습니다.

더욱이, 알마진 지구는 해안에 인접해 있어, 습기가 많고 안개가 자주 낍니다.

고문에 처해질 뻔했던 그 주민은, 그런 알마진 지구의 깊숙한 곳으로 수사관들을 안내했습니다.

병사들이 그 뒤를 따랐고, 수색이 시작되었습니다.

이내, 감찰관의 시체가 발견되었습니다.

시체는 양쪽 다리가 무릎 부분에서 잘려져 있었습니다.

발견 당시, 시체 옆에는 안색이 매우 창백한 사람 하나가 앉아 있었는데, 그 또한 양쪽 다리가 무릎 부분에서 잘려 있었습니다.

그가 죽은 감찰관과 달랐던 점은, 그의 다리가 잘린 것은 오래 전 일이었는지 절단된 부분의 상처가 완전히 아물어 있었다는 점과, 그가 살아 있었다는 점이었습니다.

모든 사실들은, 오래지 않아 모두 드러났습니다.

알마진이라는 고립된 빈곤 지역에는, 오래 전부터 바늘을 사용한 의술(醫術)이 전해져 내려왔습니다.

그 의술의 자세한 내용은 본인도 알 수 없습니다만, 어지간한 병이나 상처들은 바늘로 신체의 일정 부위를 찌른다거나, 신체의 특정 부위에서 피를 뽑아낸다거나 함으로써 치유된다는 것이었습니다.

그 효능에 대해 확신을 할 수는 없겠습니다만, 그 빈곤한 지역에서는 약을 구하는 것이 쉽지 않았고, 탕치(湯治)를 비롯한 요양술을 이용할 여유도 없었다는 사실을 고려한다면, 그곳 사람들은 병과 상처의 치유를 위해 나름대로의 방법을 고안하지 않을 수 없었던 것입니다.

알마진의 그 바늘을 사용한다는 의술도 시간이 흐름에 따라 체계화되었던 것으로 보입니다.

그 의술은 한 사람으로부터 다른 사람에게로 전수되었고, 그러는 동안, 나름의 발전을 하였던 것입니다.

그리고 어느 날, 한 탁월한 인재에 의해 그 의술이 완성되었다고 합니다.

즉, 바늘만 가지고 그 어떠한 병도 치료할 수 있게 되었다는 것입니다.

의술의 완성자는, 이내 한 가지 사실에 착안하게 되었습니다.

사람들의 삶에 대한 집착을 고려할 때, 모든 병을 고칠 수 있는 자신의 기술은 곧 큰 재물에 이어지리라는 사실이었습니다.

그는, 빈곤하고 어두운 알마진을 벗어나, 다른 지방에서 풍요로운 삶을 영위하려 하였습니다.

그의 의술은 그에게 풍요로운 미래를 보장하고 있었습니다.

그 의술사의 계획을 알게 된 알마진의 몇몇 사람들은, 그 의술사의 두 다리를 잘라내고 그를 알마진 깊숙한 곳에 감금하였습니다.

그는 이제 알마진 밖으로 나갈 수 없게 되었고, 다른 사람들이 음식을 가져다 주지 않으면 목숨을 부지할 수도 없게 되었고, 그 대신, 알마진 사람들은 이제 어떤 병에 걸려도 치료를 할 수 있게 되었습니다.

알마진 사람들은 그 사실을 외부 사람에게 발설하면 안 된다는 것을 알고 있었습니다.

그 사실이 외부로 알려지지 않아야만 자신들이 언젠가 병에 걸렸을 때 치료를 받을 수 있었기 때문이었습니다.

그 의술과 그 비밀이 외부로 알려지면, 외부 사람들은 재물을 이용해 그 의술사를 자신들 가까이로 데려갈 것이고, 그러면, 빈곤한 알마진 사람들은 그 어떤 병에 걸려도 치유될 수 있다는 희망을 잃게 될 것이기 때문이었습니다.

그러한 정황에 관한 설명은, 그 의술사 자신으로부터 비롯된 것입니다.

그 의술사는, 의술을 완성함으로써 풍요롭게 될 수도 있었던, 자신의 삶이 파괴되어 버렸습니다.

다리가 잘리고, 감금되고, 사람들이 가져다주는 음식으로 연명할 수밖에 없는 처지가 되고 말았습니다.

그는 수사관들에게 발견되고 난 후, 복수심을 분출시키듯, 모든 정황을 진술하였습니다.

그러나 그 의술사의 진술이, 다리가 잘린 채 죽어 있었던 감찰관의 죽음을 설명해 준 것은 아니었습니다.

감찰관의 죽음에 관해서는, 자신을 감금했다고 의술사로부터 지적당한, 몇몇 사람들이 진술하였습니다.

의술사는 자신의 다리를 자르고 감금했던 사람들에게 복수하려 하였고, 그 사람들은 자신들을 고발한 의술사에게 복수하려 했기 때문에, 수사관들은 감찰관의 죽음에 관한 진술을, 고문 없이 쉽게 받아낼 수 있었습니다.

의술사를 감금했던 사람들의 진술에 의하면, 그 의술사는 처음에 발광(發狂)을 하는 듯했다고 합니다.

자신의 운명과 자신이 처한 상황을 참기 어려웠던 것이 그 원인이었던 것 같습니다.

그리고 그의 발광은 언제나, 자신의 피를 볼 때까지는 그치지 않았다고 했습니다.

그러던 어느 날, 의술사는 알마진 사람들에게, 사람 하나를 구해 달라고 부탁했습니다.

명분은, 보다 나은 의술을 개발하려는 것이라고 했습니다.

기왕의 것보다 더 효율적인 의술, 더 신속하고 통증이 덜한 의술을 실험해 본다고 했습니다.

그러기 위해 사람 하나를 구해 달라는 부탁치고는 그 태도가 너무나 비굴한 것이 수상했지만, 그래도 사람들은 자신들의 병을 치료받고 싶은 마음에, 의술사에게 사람 하나를 구해 주었습니다.

사람들이 처음으로 의술사에게 구해 준 사람은, 연고가 없는 백치(白痴)였습니다.

실제로 새로운 의술의 실험이 있었는지 어땠는지는 아무도 알 수 없었습니다.

알 수 있었던 것은, 알마진 깊숙한 곳에서 오래도록 굉장한 비명 소리가 들려왔다는 것과, 그 백치가 결국 죽었다는 것입니다.

그 백치의 양쪽 다리는 잘려 있었습니다.

그 이후에도 유사한 일은 몇 번 있었습니다.

알마진 사람들이 그 의술사에게 병을 치료받는 동안, 그 의술사는 몇 번인가 발광하여 치료를 할 수 없는 상태에 빠졌고, 사람을 요구하였습니다.

알마진 사람들은, 새로운 의술의 실험이라는 명분을 가진 그 요구를 들어 주고, 다시 치료를 받아, 그 어떤 병에서도 완치될 수 있었습니다.

알마진 주변을 지나가던 떠돌이들과 연고가 없는 거지들 몇몇이 산 채로 다리가 잘리고, 결국 죽었습니다.

알마진을 지나가던 무라빈의 감찰관도 그들 중 한 명이었습니다.

누군가가 실수로 감찰관을 잡았고, 자신들이 잡은 사람이 감찰관이었다는 사실을 뒤늦게 깨달았다 해도, 일은 돌이키기에 이미 늦어 버렸던 것입니다.

감찰관을 풀어 주면, 자신들에게 어떤 일이 일어날지 뻔했으니까 말입니다.

선생님!

알마진 사건의 전모가 밝혀지고 난 후, 주변의 혹자(或者)가 같은 무라빈 지역 전쟁 시에 있었던 오래된 사건을 떠올리고, 이번 알마진 사건과의 유사점과 차이점에 관해 논하였습니다.

참고가 될 듯하여, 요약해 드립니다.

당시 무라빈 지역은 중립 지역이었고, 한 작은 마을에, 초대(初代) 황제 폐하의 병사 한 명이 전투에서 패주(敗走)해 들어왔습니다.

병사는, 당시 무라빈 주변을 장악하고 있던 반군(反軍) 세력을 황군(皇軍)이 축출해 내기를 기다리며, 그 마을에서 숨어 지냈습니다.

그 마을 사람들은 중립이라는 입장에서, 그 병사에게 거처를 마련해 주었습니다.

그러나 한 동안 마을에 머물고 있었던 그 병사는 결국, 마을 남자들에 의해 살해당했습니다.

마을 남자들의 명분은, 만약 반군 측이 마을을 장악하고 황군 병사가 마을에서 발견되면, 마을 사람들의 처지가 위태로워진다는 것이었습니다.

그런데 결국 무라빈 지역을 장악한 것은 황군이었고, 황군이 그 마을에 들어왔을 때, 황군 병사의 군장(軍裝) 몇 가지가 마을에서 발견되었습니다.

마을 사람들은, 황군 병사 하나가 부상을 입고 마을로 들어와 얼마 지나지 않아 마을을 떠났다고 진술하였습니다.

마을 사람들은 일부러 그 병사가 머물던 거처까지 보여 주었습니다.

황군 병사들 중 하나가 죽은 병사의 거처에서 우연히 독약(毒藥)의 흔적을 발견했습니다.

마을 사람들에 대한 심문과 고문이 이루어졌고, 죽은 병사의 무덤이 파헤쳐졌습니다.

병사의 얼굴은 독약으로 인해 형체를 알아볼 수 없을 정도로 문드러져 있었습니다.

그 이외의 다른 상처는 전혀 없었습니다.

또 다시 마을 사람들에 대한 심문과 고문이 이루어졌고, 몇 가지 사실들이 드러났습니다.

우선, 황군 병사가 마을을 떠난 것이 아니라, 마을 사람들에 의해 고의로 살해되었다는 것이 명백해졌습니다.

그리고, 그 명분은 중립의 유지였습니다.

즉, 황군과 반군 어느 쪽이 마을을 장악한다 하더라도 후환이 없게끔 처리했다는 것이었습니다.

그러나, 그 명분은 나중에 만들어진 것이라는 사실이 드러났습니다.

처음 한동안은 병사에게 거처까지 마련해 주었다는 사실과, 그 병사를 마을에서 추방하지 않고 굳이 독약으로 얼굴을 태워 죽였다는 사실, 그리고 무엇보다도, 그 마을의 여자들 대부분이 그 병사가 어느 날 마을에서 도망친 것으로 알고 있었다는 사실 등은 여전히 납득이 가지 않는 사실들이었습니다.

그러나, 마을 사람 누구도 고문을 견디지는 못했습니다.

마을 남자들에 의해 살해당한 병사는, 젊고 매우 아름다웠다고 합니다.

그리고, 그가 마을 한 구석의 거처에 머물고 있었던 동안, 많은 마을 여자들이 자주 그곳을 찾았다고 합니다.

혹자가 이 오래된 사건을 떠올리고 논하였던 것은, 이번 무라빈 사건과, 동기에 있어서 유사점을 직관하였기 때문인 것으로 보입니다.

하여간, 병사 살해 사건이 일어났을 당시의 무라빈은 중립 지역, 즉 황제 폐하의 땅이 아니었기 때문에, 그 마을 사람들의 행동은 정당방위로 간주되었습니다.

그러므로, 비록 죽은 병사는 황군 소속이었지만, 그 마을 사람들에게는 결국 병사 살해에 대한 그 어떤 처벌도 내려지지 않았습니다.

그러나 이번 알마진 사건의 경우는, 상황이 전혀 다릅니다.

알마진이 속해 있는 무라빈 지역은, 당대(當代) 황제 폐하의 것입니다.

그리고 인신(人身)을 감금하는 것은, 아시다시피, 황제 폐하 고유의 권한입니다.

감찰관을 포함한 몇몇 사람들이 살해되었다는 것이 문제가 아니었습니다.

알마진 사람들은, 황제 폐하의 고유권한을 침범하였던 것입니다.

병사들이 알마진에 집결하였고, 인신 감금을 실행하고 동조하고 방관하고 그 혜택을 받았던 사람들, 즉 알마진의 모든 사람들은 처형되었습니다.

알마진에는 이제 사람이 없습니다.

모외 선생님!

언제나 그랬고, 지금도 그렇고, 앞으로도 그렇겠습니다만, 본인이 보내 드린 자료가 선생님의 연구에 일조(一助)하기를 바랍니다.

오우로부터

존경과 사모의 염(念)을 담아

야라모산(山)

야라모산에서 요괴를 보았지
요괴는 너무나 아름다웠고, 나는 두려움에 떨었네
요괴는 너무나 아름다웠고
나는
두려움에 떨었네……

남자의 눈앞에는 어둠이 가득 차 있다.

자신의 손을 눈앞에 들이대어도 그 형태가 잘 보이지 않는다.

달님이 땅에 내려오시는 밤에 산에 들어가서는 안 된다는, 마을 늙은이들이 중얼거리던 그 말이 남자의 머릿속을 스쳐간다.

달님이 땅에 내려오시는 밤에 산에 들어가서는 안 된다.

해가 넘어가기 전에 마을로 돌아갈 생각이었다.

달이 없는 이런 밤에 산에 있고 싶었던 것은 아니다.

아무것도 안 보이는 이런 곳에서 무엇을 하겠는가.

나물을 캐러 들어왔다가, 한숨 돌리려고 아무데나 앉아 쉬다가, 언제인지 모르게 잠이 들어 버린 것이다.

남자가 잠에서 깨어나자, 도대체 눈을 뜬 것인지 감은 것인지를 알 수 없을 정도의 어둠이 가득했다.

하늘을 올려다보니, 달이 없었다.

나물을 캐느라 땀을 많이 흘린 데에다가 잠까지 잔 바람에, 목이 몹시 말랐다.

마을에 돌아가는 것도 돌아가는 것이지만, 우선은 물부터 마시고 싶었다.

남자는 나물통에서 나물 한 줌을 꺼내어 씹는다.

갈증이 가시려면, 아마도 나물통의 나물을 전부 씹어야 할 것이다.

산을 내려가다 보면 여기저기에 냇물이 있다.

남자는 나물통을 지고 일어선다.

야라모산에서 요괴를 보았지

남자는 나물통을 내려놓고, 물소리가 나는 곳에 쭈그리고 앉아 양손에 물을 담아 마신다.

그러자 갑자기 등골이 오싹해지고, 가슴이 뛴다.

남자는 벌떡 일어나 주위를 둘러본다.

눈이 어둠에 익숙해진 것인가.

물 건너 열다섯 걸음 오른쪽 위로 뿌연 것이 보인다.

남자는 젖은 손으로 눈을 비벼 본다.

여전히 뿌연 것이 보인다.

남자는 움직이지 않고 숨을 죽인 채 그 뿌연 것을 쳐다본다.

산짐승인가?

남자는 그것이 무엇인지 알아보려고 눈에 힘을 준다.

뿌연 것은 아주 조금 움직인 듯하다.

턱밑에서 피가 설친다.

뿌연 것은 분명히 움직인다.

남자의 팔등에 소름이 돋는다.

산에 저런 짐승이 있다는 말은 들어 본 적도 없다.

저것은 산짐승의 움직임이 아니다.

저것은 사람이 기어가는 모습 같다.

야라모산에서 요괴를 보았지

뿌연 것은 느리게 기다가 멈추더니, 풀숲 속으로 들어간다.

풀숲처럼 보였던 것은 굴이었고, 뿌연 것이 굴속으로 들어가는 모습을 보는 남자의 턱밑에서 다시 피가 설친다.

남자는 빨리 산을 내려가야 한다고 생각한다.

산에서 내려가야 한다.

그러나 몸도 마음도 움직이지 않는다.
가슴이 뛰고, 금방이라도 숨이 멈출 듯하다.
달님이 땅에 내려오시는 밤에 산에 들어가서는 안 된다.

야라모산에서 요괴를 보았지

마을 늙은이들 중 하나가, 남자가 살고 있는 집 가까이에서 숨을 죽이고 집안을 들여다본다.
어느 날부터인가 일하러 나오지 않는 남자를 바라보며 늙은이는 작은 소리로 혀를 찬다.

내가 어릴 적에도, 저런 짓을 하던 마을 사람이 있었지.
그 사람도 산에 들어갔다가 온 다음부터 저렇게 되었다고 했지.
그러니까 달님이 땅에 내려오시는 밤에 산에 들어가서는 안 된다고 하지 않던가.
젊은 사람이 안 됐군.
이제 얼마 안 있으면, 사람들이 저 친구를 산에서 끌고 내려오게 되겠지.
내가 어릴 적에 봤던 그 사람도 그랬어.
그 사람의 표정은 아직도 안 잊혀지지.
이렇게 늙도록 그런 표정은 다시 못 봤으니까.
도대체 무엇을 어떻게 하면 그런 표정이 될 수 있을까?

요괴는 너무나 아름다웠고, 나는 두려움에 떨었네

남자는 마을의 늙은이가 집밖에서 자신을 들여다보고 있는지도 모르고, 손을 핥고 있다.

손에 물기가 마르면, 바가지 속에 손을 집어넣어 물을 묻히고는 다시 핥기 시작한다.

두 눈으로는 방안 한가운데에 줄을 쳐 걸어 놓은 희뿌연 옷감만을 노려보며, 손을 핥는다.

옷감의 물기가 마르면, 바가지의 물을 옷감에 끼얹는다.

옷감에는 다시 물기가 스며 퍼지고, 남자는 다시 손의 물기를 핥는다.

들짐승도 날짐승도 물짐승도 아닌 이상한 짐승들이 눈앞을 돌아다니고 있다는 것을, 남자는 알고 있다.

하지만 남자는 그것들을 쳐다보지도 않는다.

희뿌연 옷감을 적셨던 물이 조금씩 말라가고, 남자는 다시 물을 뿌린다.

그리고, 손에 묻은 물기를 다시 핥기 시작한다.

요괴는 너무나 아름다웠고, 나는 두려움에 떨었네

저러다가 밤이 돼서 달이 뜨면, 밤새 달만 올려다본다지?
저러다가 달님이 땅에 내려오시는 밤에 산에 들어간다지?
어릴 때 봤던 그 사람도, 말릴 수가 없었다고 하지 않던가.
아무도 말릴 수가 없고, 죽어야 끝이 난다고.
저게 저렇게 얼마나 갈까?
먹지도 않고 저렇게 물만 핥고 있으니, 얼마 못 가겠지?
저러다가 산에 들어가서, 그, 뭐라고 했더라?
거기, 무슨 굴속에서 죽어 있게 되겠지.

어릴 적에 봤던 그 사람도 그랬고, 그 전에도 그랬다고 했지.

그런데 저 사람도, 어릴 때 봤던 그 사람처럼, 그런 표정으로 죽어 있을까?

도대체 뭐가 어찌하면 사람의 표정이 그렇게 되는지.

그러니까 달님이 땅에 내려오시는 밤에 산에 들어가서는 안 된다고 하지 않던가.

야라모산에서 요괴를 보았지
요괴는 너무나 아름다웠고, 나는 두려움에 떨었네
요괴는 너무나 아름다웠고
나는
두려움에 떨었네......

물짐승

소녀는 태양의 빛과 같은 우아한 곡선을 그리며, 바닷물에 뛰어들었다.

입에는 아름다운 비수(匕首)를 물고, 물과 물 사이의 틈을 누비며 물짐승을 향해 헤엄쳐 다가가는 소녀의 눈에는, 약간의 망설임조차 비치지 않는다.

죽음은 다시 삶이 될 것이다.

나는, 환희와 비애 너머의 환희를 보았고, 빛과 어둠 너머의 빛을 보았고, 삶과 죽음 너머의 삶을 보았다.

그러니, 소녀여!

이제 죽음은 다시 삶이 될 것이다.

소녀는 그 거대한 배에서 태어나 자랐다.

크기를 짐작하기 힘들 만큼 거대한 배에 탄, 다른 모든 사람들도 그러하였고, 또 그러하리라.

오랜 시간이 흘렀다고 생각한다.

그 시간은, 내 눈앞에 보이는 거대한 배의 나이보다는 짧지만, 수천 번의 낮과 밤보다는 긴 시간이었음에 틀림없다.

시간이 흐르는 동안 나는, 기쁨과 슬픔의 느낌과 삶과 죽음의 이유를 잊었고, 시간이 흐르는 방향조차 잊고 말았다.

그 오랜 시간이 지나면서 나는 아마, 나 자신이 커다란 물짐승이라는 사실과, 갈고리에 꿰뚫린 나의 몸뚱어리마저 잊어가고 있었던 것이리라.

소녀가 태어나 자란 그 거대한 배에 탄 사람들은 결코 바닷물에 들어가지 않았다.

그들에게 있어서 바다는 죽음의 영역이었고, 오직 죽은 자들만이 바다에 묻히는 것이었다.

나의 기억에서 이미 사라져 버린 어느 날, 이제는 알 수 없게 되어 버린 어떤 이유에 의해, 쇠로 만들어진 날카로운 갈고리가 나의 몸뚱어리를 꿰뚫고는, 멈추어 버렸다.

한 번 걸리면 빠지지 않게끔 만들어진 그 갈고리는, 나의 힘으로는 어찌해 볼 도리가 없는 굵은 쇠사슬 끝에 달려 있었고, 그 쇠사슬 반대쪽에는 거대한 배가 있었다.

그리고, 단지 그랬던 것이다.

그 거대한 배에는 언제나, 새로 태어나는 자들만큼의 죽는 자들이 있었다.

그리고 사람들은 배의 측면에 나 있는, 바닷물에 가까운 통로에 나와, 말없이, 죽은 자들을 바다에 띄워 보냈다.

쇠로 만들어진 날카로운 갈고리가 한쪽 옆구리를 찌르고 들어와 반대쪽 옆구리를 뚫고 나갔을 때, 그때, 격통은 나의 온 몸을 뒤틀고, 경련은 그칠 줄 몰랐다.

그리고 나는, 더 이상 신음조차 못할 만큼 지칠 때까지, 신음하였다.

낮과 밤이 몇 번이고 바뀌는 동안 계속되던 몸뚱어리의 고통은, 죽음으로 끌려가는 공포를 불러일으켰고, 나는 공포가 사라질 때까지, 공포에 떨었다.

슬픔과 두려움과 피로로 인해 의식이 사라질 때까지, 파괴되어 가는 것이 분명한 몸뚱어리만을 지켜보고 있었던 것은, 의식의 소멸이 모든 것의 종말이라고 생각했기 때문이었으리라.

그 모든 것은, 태양이 만물의 형체를 흐리게 할 만큼 강렬하게 비추던, 어느 날 낮의 일이었다.

그 거대한 배에서 살다가 죽은 자들은, 얼마간은 배 주변에 떠 있지만, 결국은 바람이 불어가는 쪽으로 흘러가 버린다.

단지 어느 날이었다는 것밖에는 알 수 없는 어느 날, 의식이 돌아오고 몸뚱어리의 고통도 참을 수 있을 정도가 되자, 마음속 깊은 곳으로부터 지독한 분노가 치밀어 올라, 온 몸을 뒤흔들었다.

나는, 나에게 일어난 그 단순한 일의 시종(始終)을 끊임없이 되풀이하여 머릿속에 떠올렸다.

느닷없이 닥친 엄청난 고통, 갈고리에 꿰뚫린 몸뚱어리를 보았을 때의 경악, 오로지 죽음만을 기다릴 수밖에 없는 상태에서의 절망.

나는 우연이라는 악운(惡運)이 불러일으킨 비참한 결과를 똑똑히 보면서도 '그럴 리가 없다'고 절규하며, 이미 나를 덮친 운명을 애써 거부하려는 무의미한 노력을 계속했다.

처참한 분노에 휩싸여, 나와 나를 둘러싼 모든 것들을 향해 '어째서 나에게 이런 일이'라는 비참한 질문을 되풀이하며, 우연이라는 이름의 운명과 운명이라는 이름의 우연을 저주하였다.

소녀는 뱃전에 나와, 혹은 죽은 자들을 띄워 보내는 통로에 나와, 배 주변에 떠 있던 죽은 자들과 그들이 흘러간 수평선 쪽을 물끄러미 바라보고는 하였다.

갈망하였던 것은, 오직 갈고리에서 벗어나는 것뿐이었다.

몸뚱어리가 찢어질 듯한 고통을 참으며 얼마나 몸부림쳤던가.

몸뚱어리가 찢어져 죽지 않고는 그 갈고리에서 벗어날 수 없다는 것을 알면서도, 가만히 있을 수는 없었으리라.

나는, 쇠로 만들어진, 그리고 한 번 걸리면 빠지지 않게끔 만들어진 그 날카로운 갈고리에 몸뚱어리가 꿰뚫려 움직이지 못하게 된 다음에야, 잃은 것이 무엇인지를 깨닫게 되었고, 그것을 돌려받으려 했던 것이다.

그러나 운명은, 결코 더하지도 덜하지도 않는 운명은, 나에게서 빼앗은 것을 돌려주지 않았고, 고통 받는 커다란 물짐승의 허망한 몸부림을, 허망한 채로 남겨 놓을 뿐이었다.

소녀의 검고 깊은 눈동자는 항상 죽음의 방향을 응시하고 있었다.

그러한 소녀의 얼굴에는 표정이라고 할 만한 것이 없었다.

언제나 그러하였다.

움직이지 못하는 몸뚱어리는 모든 것의 의미를 빼앗아 버렸다.

시간이 흐르는 의미를, 눈을 뜨면 펼쳐지는 공간의 의미를, 그리고 그 속에 존재하는 나 자신의 의미를, 갈고리에 꿰뚫린 부분부터 조금씩 돌이 되어가는 몸뚱어리가 빼앗아 버렸던 것이다.

모든 것에서 아무런 의미도 발견할 수 없었던 마음은 조금씩 죽어가고 있었고, 더 이상 그 어떤 것도, 죽어가는 마음을 되살릴 수 없었다.

오직 무겁고 깊은 체념만이 마음 주변으로 차오를 뿐이었다.

비가 내리고 하늘이 어두웠던 어느 날, 소녀는 처음으로 바닷물에 들어갔다.

죽은 자들을 띄워 보내는 통로에 서서 한참 동안 바다를 응시하던 소녀는, 아무런 표정도 짓지 않고, 죽은 자들의 영역으로 몸을 옮겼다.

체념은, 시간을 멈추게 하였다.

몸뚱어리의 고통이 사라진 후에도 마음의 고통은 계속되었지만, 이내 시간은 고통을 슬픔으로 만들었고, 더 오랜 시간은 그 슬픔을 체념으로 만들었다.

결국, 아무리 커다란 슬픔도 시간보다 오래 가지는 못하는 것이리라.

그리고 체념이란, 이를테면 움직이지 못하는 몸뚱어리와 그 몸뚱어리에 갇혀 있는 마음이고, 이를테면 아직도 죽지 않은 몸뚱어리와 살아 있다고 할 수 없는 마음이며, 또 이를테면 갈고리에 꿰뚫려 돌이 되어가는 몸뚱어리와 더 이상 그런 것에는 아랑곳도 하지 않는 마음이다.

바닷물에서, 죽은 자들의 영역에서, 마치 삶을 노래하듯 몸을 움직여 헤엄치던 소녀의 표정은, 더 없는 환희와 희열로 가득하였다.

모든 고통과 슬픔을 마무리짓고 나 자신마저 마무리지었던 것은, 반은 의도적이고 반은 의도적이지 않은, 망각이었다.

나는 시간의 흐름을 잊었고, 고통을 잊었다.

나는, 기쁨 뒤에 오는 슬픔과 슬픔 뒤에도 오지 않는 기쁨을 잊었고, 죽음이 있기에 태어날 수 있는 삶과 결국은 삶의 또 다른 모습에 지나지 않는 죽음을 잊었다.

그리고 나는, 나 자신마저 잊고 말았던 것이다.

자유로이 물 속을 헤엄치던 과거를 돌이켜 생각했던 것도, 어느 날 닥친 악운을 저주했던 것도, 언젠가는 찾아올 죽음을 기다리던 것도, 오래 전 일이었다.

눈만 뜨면 보이는 저 거대한 배에 관해 생각했던 것도, 그 배에 이어져 있는 쇠사슬과 그 쇠사슬 끝에 달려 있는 날카로운 갈고리가 존재하는 이유를 알고 싶어 했던 것도 오래 전 일이었고, 나 자신이 갈고리에 몸뚱어리를 꿰뚫려 움직이지도 못하는 커다란 물짐승이라는 사실을 잊은 것도, 단지 오래된 일일 뿐이었다.

소녀는 뱃전에서 바라보던 하늘과는 다른 하늘을 바라보며, 죽은 자들을 띄워 보내는 통로에서 느끼던 바닷물과는 다른 바닷물을 느끼며, 마음껏 물 속을 돌아다녔고, 물 위를 떠다녔다.

죽지 않은 몸뚱어리와 살아 있지 않은 마음을 가진 커다란 물짐승에게 남겨진 것은, 모든 것이 있는 이쪽에서 아무것도 없는 저쪽으로 가는 길뿐이었다.

나는, 떠오르던 태양이 지는 것을 보되 느끼지 못했고, 밤하늘에 뿌려진 별들이 움직이는 소리를 듣되 느끼지 못했고, 썩어가는 마음의 악취를 맡되 느끼지 못했다.

나는 다만 그렇게 있었고, 그런 나 자신 또한 느끼지 못했다.

나 자신을 비롯한 그 무엇도 의심하지 않았고, 아무것도 느끼지 않았고, 느끼기조차 원치 않았던 나는 아마, 살아 있는 채로 죽어 있었던 것이리라.

그 거대한 배에서 그리 멀지 않은 곳에서, 그리 깊지 않은 곳에서, 소녀는 날카로운 갈고리에 몸뚱어리를 꿰뚫려 움직이지도 못한 채 돌이 되어가고 있던 커다란 물짐승을 보았다.

모든 것은 끝났고, 끝나 있었다.

사방을 둘러싼 수평선 안쪽에는 오직 그 거대한 배만이 있었고, 그 배에서 뻗어 나온 쇠사슬 끝에는 날카로운 갈고리가 달려 있었고, 그 갈고리에는, 이미 갈고리의 일부분이 되어 버린 커다란 물짐승의 몸뚱어리가 꿰뚫려 있었다.

그리고, 단지 그뿐이었다.

시간은 멈추어 버려, 순간은 영원이 될 수 있었고, 영원 또한 순간이 될 수 있었다.

수천 번이나 반복된 낮과 밤도 단 한 번의 낮과 밤에 지나지 않았고, 흘러가고 흘러오는 하늘의 구름도 그저 하늘의 구름이었고, 오늘 부는 바람은 어제 불던 바람과 같았고, 내일을 부는 바람과도 다를 것이 없었다.

나는 아무것도 아니었기 때문에 오히려 모든 것이었다.

나는 어디에도 있지 않았기 때문에 오히려 어디에나 있었다.

그리고, 단지 그랬던 것이다.

물짐승을 바라보던 소녀의 눈은, 언제나 태양보다 낮은 곳만을 떠가는 구름을 바라볼 때와 다르지 않았고, 언제나 같은 곳에서 하늘과 바다를 가르고 있는 수평선을 바라볼 때와도 다르지 않았다.

물짐승을 바라보던 소녀의 눈은, 바닷물에 떠 있는 죽은 자들을 바라볼 때와도 다르지 않았다.

나는 소녀를 보았다.

어느 날이라고밖에는 기억할 수 없는 어느 날, 검은 눈동자를 가진 그 소녀를, 뱃전에 나와 수평선을 바라보던 그 소녀를, 바닷물에 가까운 통로에 나와 죽은 자들이 흘러가는 것을 말없이 바라보던 그 소녀를, 나는 나의 눈앞에서 보았던 것이다.

소녀는 천천히 다가와 내 주위를 돌며, 날카로운 갈고리에 몸뚱어리를 꿰뚫린 내 모습을 쳐다보았다.

소녀는 나에게 다가와, 돌이 되어가는 나의 몸뚱어리를 살펴보았고, 나의 눈을 들여다보았다.

그러자, 나의 마음속 깊은 곳에서 알 수 없는 느낌이 솟구치기 시작했고, 그것은 소녀가 그 거대한 배로 돌아가고 난 다음에도 계속되었다.

그 거대한 배에서 태어나 자란 검은 눈동자의 소녀는, 커다란 물짐승의 잊혀진 기억을 흔들어 되살아나게 하였다.

아마 그때부터, 알 수 없는 느낌으로 가득 찬 나의 마음속에서, 모든 것이, 잊혀졌던 의미를 되찾기 시작했던 것이리라.

그것이 무엇인지 알 수 없는 그 희미한 실마리는, 잊혀진 기억 속으로 나를 인도하였다.

나는 이미 지나가 버린 과거의 단편들을 떠올렸고, 그것들이 의미하는 것을 다시 알게 되었고, 마음은 그것들을 다시 느낄 수 있었다.

한참의 혼란 끝에 기억은 되살아났고, 시간은 다시 흐르기 시작하였다.

나는, 나 자신이 어느 날 알 수 없는 이유에 의해 날카로운 갈고리에 몸뚱어리를 꿰뚫려 움직이지도 못한 채 돌이 되어가고 있던 커다란 물짐승이라는 사실과, 오랜 시간이 흘렀다는 사실을 알게 되었다.

바닷물에서, 죽은 자들의 영역에서, 환희에 가득 차 마음껏 헤엄치던 소녀는 그 아름다운 몸짓으로, 죽음의 모든 느낌을 삶의 느낌으로 바꾸어 놓았다.

나는, 되살아난 기억 속에서, 다시 흐르기 시작한 시간 속에서, 그리고 너무나 놀란 마음으로, 전에는 보고도 느끼지 못했던 소녀를 바라보았다.

소녀와 소녀의 검은 눈동자, 뱃전에서 수평선을 바라보던 무표정한 얼굴, 그리고 바닷물에 가까운 통로에서 죽은 자들을 바라보던 소녀의 모습, 처음으로 바닷물에 들어가던 소녀의 모습을 기억 속에서 바라보다가, 환희로 가득한 소녀의 얼굴과 마음껏 헤엄치는 아름다운 몸짓을 현재 속에서 바라보다가, 나는 깊은 곳에서 솟구쳐 마음을 벅차게 만든 그 느낌이 무엇인지 알게 되었다.

바닷물에서 헤엄치는 소녀의 아름다운 몸짓은, 오래 전에 잃어버린 나의 몸짓이었다.

나는 소녀의 모습에서, 이제는 되돌아갈 수 없는 나의 모습을 보았던 것이다.

태양이 물속으로 사라지고 있던, 어느 날 저녁의 일이었다.

끝없는 수평선과 그 거대한 배 사이를 가로지르며 헤엄치던 소녀는, 물짐승의 울부짖음을 들었다.

소녀는, 그 마음속 깊은 곳에서부터 터져 나왔던 울부짖음이 들려온 쪽을 바라보았다.

나는 또 다시 갈망하기 시작하였고, 때를 같이 하여 고통도 시작되었다.

놀라움과 기쁨으로 소녀를 바라보았던 나의 마음속에서는 이미 슬픔이 싹트기 시작하였다.

소녀의 몸짓에서 나 자신의 지난날들을 바라보고 있던 나의 마음속에는 계속해서 슬픔이 차올랐다.

그 비참한 슬픔은 나에게, 예감도 없이 나를 덮친 우연이라는 이름의 악운을 다시 보여 주었고, 몸뚱어리가 찢어지는 격통을 상기시켰고, 원치 않는 운명을 거부하려는 허망한 몸부림과, 운명을 저주하던 처절한 분노를 또 다시 강요하였다.

고통과 슬픔에 휩싸인 나는 결국, 있는 힘을 다해 울부짖을 수밖에 없었다.

소녀는 천천히 물짐승에게 다가가, 갈고리에서 벗어나려고 몸부림치는 물짐승의 눈을 한참 동안 들여다보았다.

나는, 나에게 다가와 나의 눈을 들여다보고 있는 소녀의 눈동자를 향해 울부짖었다.

되풀이되는 이 고통을 더 이상 참을 수 없다고, 오랜 시간이 흘러야만 잊혀지는 이 슬픔은 너무나 크다고, 나는 마음껏 바다를 헤엄치는 물짐승이라고.

나는 소녀의 검은 눈동자를 향해 빌었다.

고통을 멎게 해 달라고, 슬픔을 끝내 달라고, 나의 비참한 마음을 이 갈고리에서 풀어 달라고.

나는, 나의 눈을 들여다보고 있는 소녀의 검은 눈동자를 보며 간절히 애원하였다.

내가 운명에게 잃은 것을 되찾아 달라고, 나를 내가 있었던 곳으로 데려가 달라고, 나를 죽여 달라고.

한참 동안 물짐승의 눈을 들여다보고 있던 소녀는 더욱 가까이 다가가, 돌이 되어가고 있던 물짐승의 커다란 몸뚱어리를 쓰다듬고는, 이윽고 몸을 돌렸다.

그 거대한 배를 향해 헤엄쳐 가기 시작한 소녀의 얼굴에는, 표정이 없었다.

소녀가 그 거대한 배를 향해 헤엄쳐 가기 시작하자, 모든 고통과 슬픔이 멈추었고, 시간도 다시 멈추어 버렸다.

나의 마음속에는 오직 투명한 느낌만이 남았다.

태양이 붉게 물들인 수평선으로 둘러싸인 그 곳에서, 나는 이미 소녀가 되어, 아름다운 몸짓으로 마음껏 바다를 헤엄치고 있었다.

다시 바닷물에 뛰어들기 위해 뱃전에 선 소녀의 모습에서 나는 마지막으로, 환희와, 빛과, 삶을 보았다.

소녀는 태양의 빛과 같은 우아한 곡선을 그리며, 바닷물에 뛰어들었다.

입에는 아름다운 비수(匕首)를 물고, 물과 물 사이의 틈을 누비며 물짐승을 향해 헤엄쳐 다가가는 소녀의 눈에는, 약간의 망설임조차 비치지 않는다.

죽음은 다시 삶이 될 것이다.

나는, 환희와 비애 너머의 환희를 보았고, 빛과 어둠 너머의 빛을 보았고, 삶과 죽음 너머의 삶을 보았다.

그러니, 소녀여!

이제 죽음은 다시 삶이 될 것이다.

날짐승

아침의 태양이 항구를 비추었을 때
새하얀 알에서 태어난 당신은 새하얀 날짐승이었습니다.
항구의 이름은 땅의 끝
그리고 갈망하는 눈동자를 가진 당신은 아름다운 날짐승이었습니다.
당신은 날짐승
그리고 당신은 하얗고 아름다운 날짐승이었습니다.

아침의 태양이 비춘 것은 당신의 날개
하늘을 나는 운명과, 운명을 나는 날개
아침의 태양이 비춘 것은 끝없는 하늘과 끝없는 바다, 미래를 바라보는 당신의 눈동자, 그리고 갈망
날개 밑을 스쳐 간 봄바람이 당신을 깨우고, 당신의 운명을 일깨워 주었습니다.

아침의 태양 아래서 날개를 펼친 당신은, 바다 위를 날았습니다.
하늘 속을 날았습니다.
항구의 이름은 땅의 끝
당신은 땅 끝을 나는 날짐승
그리고 당신은
하얗고 아름다운 날짐승이었습니다.

한낮의 태양이 당신을 비추었을 때
높이 멀리 나는 당신은, 하얗고 아름다운 날짐승이었습니다.
당신의 갈망은 바람보다도 강했고, 당신의 날개는 비바람보다 강했고, 당신은 하얗고, 당신은 아름다운 날짐승이었습니다.

한낮의 태양이 비추는 운명은 당신의 것
비바람을 가르는 날개도 당신의 것이었습니다.
바다와 바다의 끝, 하늘과 하늘의 끝도 당신의 것
바람보다도 빠른 당신은 높이, 더 높이 날았습니다.
멀리, 더 멀리 날았습니다.

높이, 멀리 날아 바다 끝을 보고 있던 당신에게

여름의 뜨거운 남녘 바람은 바다 건너 섬의 환상을 들려주었습니다.

그곳에는 배고픔도 추위도, 날개를 불 속에 집어넣게 만드는 권태도 없다고 했습니다.

그러나, 하늘과 바다는 당신의 것

배고픔도 추위도, 날개를 불 속에 집어넣게 만드는 권태도 모르는 당신은, 다만 아름다운 날짐승의 운명을 구가하며, 높이, 더 높이, 멀리, 더 멀리 날았습니다.

한낮의 태양 아래를 나는 당신은, 당신 자신의 것
바람보다 빠르고 비바람보다도 강한 날개는 당신의 것
한낮의 태양이 비추는 바다의 끝과 하늘의 끝에서 당신은
갈망하는 눈동자를 가진 하얗고 아름다운 날짐승
높이, 더 높이 날았습니다.
멀리, 더 멀리 날았습니다.

저녁의 태양이 항구를 비추었을 때
노을보다 높이 나는 당신은 아름다운 날짐승이었습니다.
비바람을 헤쳐온 날개는 당신의 것
바람보다 빠른 운명도 당신의 것
노을과 노을 속을 나는 당신과, 더 높이, 더 멀리 날아도 항구로 돌아올 수밖에 없는 운명도 당신의 것
그리고 운명 속을 날아온 당신은
아름다운 날짐승이었습니다.

저녁의 태양이 당신을 비추었을 때
바다 건너 섬의 환상을 들려주었던 뜨거운 여름 바람은 가 버렸고, 바람은 이제 말이 없습니다.
운명과 날개는 여전히 당신의 것
그리고 이제, 배고픔과 추위와 권태도 당신의 것
바다 건너 섬은 이제 당신이 가야 할 곳
당신의 갈망은 바다 건너 섬이 되었고, 당신은
높이, 더 높이, 멀리, 더 멀리 날았습니다.

바다 건너 섬은 당신이 가야 할 곳
당신은 높이, 더 높이 날았습니다.
그러나 아무리 날아도 섬은 보이지 않고
멀리, 더 멀리 날았습니다.
그러나 돌아갈 곳은 언제나 항구였고
바다 건너 섬은 당신이 가야 할 곳
그러나 돌아갈 곳은 언제나 땅의 끝,
항구밖에 없었습니다.

가을은 짧고 겨울은 추웠습니다.
가을은 가고 겨울은 길었습니다.
차가운 시간은 제자리를 찾은 듯하고
겨울은 길었습니다.

얼음보다 차가운 빗방울이 항구에 떨어졌을 때
태양조차 떠오르지 않는 땅 끝에서
당신은 늙고 망가진 추한 날짐승이었습니다.
얼음보다 차가운 시간이 항구에 머물렀을 때
당신의 날개는 바래 있었고, 날개로 가린 당신의 가슴은 찢어져 있었습니다.
어둠보다 어두운 빗방울이 당신의 날개에 떨어졌을 때
눈 먼 당신은 바다 건너 섬의 꿈을 꾸고 있었습니다.

얼음보다 차가운 빗방울이 항구에 떨어졌을 때
당신은 바다 건너까지 날아가는 꿈을 꾸고 있었습니다.
여름 바람이 얘기해 준 바다 건너 섬에는, 배고픔도 추위도, 날개를 불 속에 집어넣게 만드는 권태도 없었습니다.
날개로 가린 찢어진 가슴속에서 당신은
높이, 더 높이, 멀리, 더 멀리 날았던 당신의 날개로 바다 건너 섬까지 날아가는
하얗고 아름다운 날짐승을 꿈꾸었습니다.

당신의 마지막 꿈은 절망보다 뜨거웠고, 문득 날개를 펼친 당신은 하늘을 날았습니다.
당신의 마지막 날개는 얼음보다 차가운 빗방울을 헤치고, 갈망하는 눈동자는 바다 건너 섬을 바라보며, 높이, 더 높이 날았습니다.
멀리, 더 멀리 날았습니다.
얼음보다 차가운 빗방울이 당신에게 떨어졌을 때, 어둠보다 더 어두운 빗방울이 날개에 떨어졌을 때
당신은 땅 끝으로 돌아오지 않고

높이, 더 높이 날았습니다.
멀리, 더 멀리 날았습니다.

당신을 바다 건너 섬까지 데려온 것은 바람과, 바람이 일으킨 파도, 그리고 당신의 꿈
당신이 다다른 바다 건너 섬에는 배고픔도 추위도
날개를 불 속에 집어넣게 만드는 권태도 없었습니다.
그곳에서 당신은 이제 하나의 꿈
그리고 당신은 다시
하얗고 아름다운 날짐승이었습니다.

죽어가는 요괴를 보았지요

무지막지한 흥분으로 이를 악물면, 입안으로 피가 흘러, 삼킬 수 없을 만큼 고인다.

눈은 있는 대로 커져 눈알은 튀어 나올 듯하고, 가는 핏줄이 터지기 시작한다.

핏줄이 터져 만든 붉은 눈 속의 눈동자는 스스로의 힘에 못 이겨 한 없이 작아진다.

숨 쉬기가 힘들어 비공은 부풀고, 턱은 치켜들어진다.

무자비한 흥분으로 쾌락의 경련이 일기 시작하면, 현실적이지만 일상적이지 않은 형상들이 보고 싶어진다.

공포로 일그러진 얼굴에 칼을 찔러 넣는 병사의 표정이다.

흥분을 견디려 치켜 올린 턱뼈에 힘이 몰려 불거지고 두 귀가 젖혀지면, 현실적이지만 일상적이지 않은 소리들이 듣고 싶어진다.

죽을 곳으로 끌려가지 않으려 버티는 짐승의 발이 흙에 미끄러지는 소리다.

휘몰아 오르는 누런 공기를 쳐다보며 울음 밑에 비치는 웃음을 탐하면, 눈과 입은 찢어져 그 끝은 감히 다다르지 못할 곳까지 범하고, 간절히 바라는 것은, 죽음의 공포 뒤에 오는 쾌락과, 쾌락에 빠져 죽어가는 눈이다.

웃으며, 마음은 저 높은 곳까지 올라가 버리는 것이다.

- <보하세지온에서 훔쳐 들은 이야기들>에서 -

노파(老婆)는 이렇게 말했어요.

"자려고 누우면, 바깥에서 똑 하는 작은 소리만 나도, 그 소리가 얼마나 크게 들리던지......"

자기는 오랫동안 신경이 극도로 날카로운 상태였고, 잠자리에 누우면 그 상태가 더 심해졌답니다.

그래서, 어둠 속에서 아주 작은 소리만 들려와도, 마치 천둥소리를 듣는 것 같았답니다.

천둥소리?

거대한 종(鐘)을 거대한 망치로 휘둘러 친 것 같은 소리?

뭐, 그런 소리 같았다고 했어요.

노파의 표정을 보고 있으면, 그럴 수도 있다는 생각이 들었지요.

난데없는 큰 소리에 놀란 표정 같기도 했고, 반복되는 고통에 두려워하는 표정 같기도 했고......

그런데, 노파가 했던 얘기는, 소리에 관한 건 아니었어요.

아주 작은 소리가 고통스러울 정도의 큰 소리가 되어 들려오면, 그 다음에는, 뿌연 안개 속에서 시커먼 장례 행렬이 다가왔답니다.

저쪽에서 행렬의 선두가 다가와서는, 자신의 얼굴 위쪽으로 계속해서 행렬이 이어졌대요.

천천히...... 천천히......

노파는 마치 땅 밑에 누워서 끝없는 행렬을 보는 듯했답니다.

그리고는, 언제나 그랬듯이, 행렬을 이루고 천천히 지나가는 시커먼 사람들 속에서 요괴를 보았답니다.

"그 사람들 속에는 요괴가 꼭 끼어 있었어...... 매번"

그게 바로, 인생에서 가장 인상 깊었던 일이 무엇이냐고 제가 물은 데에 대한, 그 노파의 대답이었어요.

노파는 자신이 아주 단조롭고 감흥 없는 인생을 살아왔다고 말하고는, 그 얘기를 해 주었지요.

그리고 저는 그때 아마, 그 노파가, 그녀 자신의 말대로, 대단히 단조롭고 별일 없는 인생을 살아왔구나 하고만 생각했던 것 같아요.

노파가 보았다는 요괴가 어떤 존재인지, 묻지도 않았으니까요.

워낙, 귀신을 봤다는 사람들이 많으니까, 그냥 그런 얘기들 중 하나라고만 생각했던 거지요.

노파가 보았다는 그 요괴가 어떤 요괴인지, 저는 그것을 노파가 죽기 불과 얼마 전에 알게 되었어요.

자신의 죽음을 예감했기 때문에 저에게 그 얘기를 마저 해 주었는지, 아니면 그때 우연히 누군가에게 아무 얘기라도 하고 싶어서 그랬는지는 모르겠어요.

어쨌든 노파는 제가 묻지도 않았는데, 그 요괴에 관해서 얘기해 주었지요.

노파의 얘기에 의하면, 뿌연 안개 속을 지나가던 끝없는 장례 행렬 속에는 언제나 그 요괴가 끼어 있었는데, 노파가 그 요괴를 처음 보았던 것은, 장례 행렬에서가 아니었답니다.

오히려, 처음으로 그 요괴를 본 이래로, 장례 행렬이 시작되었다는 거였어요.

그리고는, 자신은 그 요괴 이외의 다른 어떤 요괴도 본 적이 없다는 얘기를 했고, 그 다음에 비로소, 자신이 그 요괴를 언제 어떻게 처음으로 보게 되었는지 얘기해 주었지요.

노파는 젊었을 때, 어쩔 수 없는 상황 때문에 빚을 지게 되었답니다.

그리고는, 흔히 있는 얘기지만, 빚을 갚을 길이 없었고, 그래서 먼저 진 빚을 갚기 위해, 또 빚을 지게 되었답니다.

당연한 얘기지만, 그러면서 빚은 불어났겠지요.

나중에 노파가 될 여자는, 더 이상 새로 빚을 질 곳이 없어졌답니다.

그리고는, 마지막으로 빚을 진 사람으로부터 독촉을 받기 시작했지요.

물론 여전히 빚은 갚을 길이 없었고, 결국 독촉은 협박으로 바뀌었답니다.

여자에게 돈을 빌려 준 사람은 수시로 여자를 찾아와, 죽이겠다고 협박했답니다.

그 사이에 당한 수모에 관해서 노파가 얘기했던 것들은, 쉽게 짐작할 수 있는 것들이었지요.

욕설, 구타, 머리카락을 너무 잡아당겨서 두피가 벗겨지고, 칼로 긋거나 찔러 상처가 나는 것...... 그런 것들 말입니다.

여자는 어느 날, 자신에게 돈을 빌려 주고는 독촉과 협박을 거듭해왔던 그 사람을 집으로 불렀답니다.

이제야 돈을 갚을 수 있게 되었다고, 그 동안 돈을 갚지 못해 정말 미안했다고 말하면서요.

빌려 준 돈을 받으러 왔던 사람도, 그 동안 자신이 한 일에 대해 변명을 늘어놓으며 사과를 했답니다.

자신은 어떻게든 빌려 준 돈을 받으려 했을 뿐이고, 돈만 받으면 되는 거고, 돈만 받으면 더 이상 그 어떤 나쁜 일도 없을 거라는, 그런 얘기요.

여자는 돈을 받으러 온 사람에게 마실 것을 내놓으면서, 돈을 가져오겠다고 말하고는 방으로 들어갔답니다.

다시 거실로 나온 여자는 커다란 종이봉투를 들고 있었고, 돈을 받으러 온 사람의 시선은 당연히 그 종이봉투에 가 있었겠지요?

돈을 받으러 온 사람이 종이봉투를 열어 보는 순간, 여자는 그 사람을 칼로 찔렀답니다.

봉투 속에는 돈이 없었고, 칼에 찔린 사람은 경악했고, 여자는 정신을 차리고 보니, 계속해서 시체를 찌르고 있었답니다.

"심장이 너무 뛰어서 숨을 쉬기가 힘들었지"

온 몸이 떨렸다지만, 그래도 노파는 시체를 욕실로 끌고 갔대요.

"거기서 시체를 잘라 나눴어"

시체를 하수구에 흘려 보내기 위해, 노파는 망치나 부엌칼 같은 집에서 쓰는 도구들을 사용했답니다.

살과 뼈를 잘라내고는 으깬 거지요.

물에 흘려 보낼 수 있을 정도로 잘게요.

칼로 뼈마디를 잘라내는 것은 화가 치밀어 오를 만큼 힘들었고, 혀는 잘 으깨어지지 않았답니다.

아마도 그래서 신음을 했던 것일 테고, 아마도 그래서 웃음을 터뜨렸던 것일 거라고 하더군요.

"웃다가 욕실에 걸려 있는 거울을 봤지...... 시뻘건 요괴가 웃고 있더군...... 장례 행렬 속에 섞여 있던 그 요괴를, 거기서 처음 본 거야"

노파는 거기까지만 얘기했어요.

저도 더 이상 아무것도 묻지 않았지요.

이를테면, 발각돼서 처벌을 받았는지, 그런 거요.

어차피 노파는 죽어가고 있었으니까요……

자살새

언제나 고통으로부터 도망치려고만 했으면서도 고통 이외에는 아무것도 발견할 수 없었던 남자

비위가 약한 그 남자의 자멸적인 머리에서 태어나, 단조롭고 획일적인 도피의 기억을 먹고 자라, 그 남자가 살충제를 책상 위에 올려놓는 순간 등뒤에서 나타난 새

절망에의 갈망을 부풀리듯 날개를 퍼덕이며 나타난 그 새는 바로 나 자신이고, 나는

모든 고통은

아직까지도 자살하지 않은 죄값이다라고 노래한다.

남자는 살충제통을 유심히 살펴본다.

<100:1의 비율로 물에 희석시켜 사용하십시오>

살충제통을 살펴보는 남자의 얼굴은 이 세상에서 가장 고통스러웠던 수많은 사람들의 얼굴을 닮았고, 살충제통을 만지는 남자의 손은 이 세상에서 가장 자비로웠던 몇몇 사람들의 손을 닮았다.

그러니, 절망에 대한 희망으로 흐뭇한 나는 그 모습을 바라보며

모든 고통은

그렇게까지 해서 살아 있는 죄값이다라고 노래한다.

표정이 없는 남자는 책상 앞에 앉아 살충제를 바라보며, 벌레의 추억을 떠올린다.

살충제를 먹은 벌레는 경련을 일으켰고, 배를 위로 한 채 발버둥치기 시작했다.

여섯 개나 되는 다리와 한 쌍의 더듬이를 떨게 했던 그 작고 더럽고 보잘것없는 고통

남자는 그것을 바라보고 있었다.

그러나 그것은, 이루어지지 않은 희망에서 비롯된 고통과는 달리, 구원을 예고하는 고통이었고, 그랬기 때문에 남자는 몸부림치며 죽어가던 그 벌레를 흐뭇한 눈으로 바라보며, 웃을 수 있었다.

그러니, 그 남자의 흐뭇한 기억을 흐뭇한 눈으로 바라보는 나는

구원이 있을 것이다라고 노래한다.

남자의 떨리는 자비로운 손은 살충제통의 뚜껑을 쥐고 돌린다.

살기(殺氣)가 피어오른다.

뚜껑을 내려놓은 남자는 갑자기 놀라더니, 표정이 없던 얼굴을 일그러뜨린다.

한 손으로 코를 막는다.

그리고는 지독한 향기를 내뿜는 살충제를 노려본다.

남자는 한 손으로 코를 막은 채 천천히 숨을 들이쉰다.

살충제를 노려보며, 들인 숨을 내쉰다.

양손으로 살충제통을 잡는다.

눈을 감는다.

눈을 뜬다.

눈살을 찌푸린다.

살충제통을 든다.

그러나, 내려놓는다.

남자는 다시 한 손으로 코를 막고, 다른 손으로는 서둘러 뚜껑을 덮으며 말한다.

나는 벌레가 아니야.

남자는 자리를 박차고 일어나 창문을 열고는 가쁘게 호흡한다.

들이쉰 숨은 점점 한숨이 되어 나오고, 남자의 손은 여전히 콧등을 문지르고 있다.

그리고, 고통밖에는 아무것도 모르는, 차라리 없는 것이 나을 뻔했던 그 남자는 여전히, 그렇게까지 해서 살아 있다.

창가에 선 남자는 다시 한숨을 내쉬며 주위를 둘러본다.

그러자, 그 남자의 자기연민에 질린 나는 실망에 빠져

모든 문제는

경쾌하게 자살하지 못하기 때문에 일어난다고 노래한다.

예전에 이 방에는 <파란 독(毒)>이 있었다.

그리고 나의 노래는, 넋이 나간 듯 바닥에 주저앉은 이 남자로 하여금, 그 <파란 독>의 기억을 되살리게 한다.

<파란 독>은 아름다웠다.

작은 유리병에 담긴 파란색을 바라보던 남자는, 그것을 구하기 위해 비굴하였다.

여덟 번 정도 거짓말을 하였고, 보름치 생활비를 사용하였고, 법률을 위반하였다.

이 방에는 책도 있었고 옷도 있었지만, 남자는 <파란 독>만 남겨 놓고, 모두 버렸다.

그러나 끝내는 그 <파란 독>도 버렸다.

물에 흘려 보냈다.

하수구로 흘러가던 <파란 독>을 회상하는 남자에게 나는
자살은
언제 어디서나 절대적인 해결책이다라고 노래한다.

남자는 여전히 살아 있고, 이제 살충제 앞에서 살아 있다.

<파란 독>과 살충제 사이에는 고통이 있었고, 그 고통으로부터의 도피가 있었고, 그런데도 고통이 있다.

남자는 살아 있는 한 고통으로부터 도망치지 못하리라는 것을 안다.

자기 자신이 바로 고통이고, 고통은 바로 여기에 있다는 것을 알고 있다.

그러니, 고통이 여기에 살아 있는 한 고통은 여전히 여기에 살아 있다고 되뇌는 남자에게 나는

이제까지 그랬으니,

앞으로도 그럴 것이다라고 노래한다.

살충제는 여전히 책상 위에 놓여 있고, 살충제를 바라보는 남자는 자기연민에 치를 떤다.

오래 전 <파란 독>으로 없앨 수 있었던 고통은 이제까지 자기연민을 먹고 자랐다.

그러나, 살충제를 먹고 죽어갔던 그 벌레조차도 자기연민만은 하지 않았다.

그 사실을 떠올린 남자는 아악 하고 절규하고, 아아 하고 신음한다.

남자의 두 눈은 풀려 있고, 입은 벌어져 있다.

수치심에 넋을 잃은 남자의 두 손은 떨리고, 나는
지금 죽지 않는다고 해서,
결국 죽지 않는 것은 아니다라고 노래한다.

수치심과 함께 바닥에 주저앉은 남자는 움직이지 않고, 시간은 흐른다.

남자는 여전히 앉아 있고, 고통 또한 그렇다.

남자는 웃는다.

남자는 자기 자신을 비웃고, 나는 기쁨의 날갯짓을 한다.

남자는 큰 소리로 웃기 시작하고, 나는 기쁨에 날뛴다.

미친 듯이 웃는 남자의 얼굴은 분노로 가득 차고, 나의 날갯짓은 환희로 가득 찬다.

남자의 분노는 나의 날갯짓에 증오심으로 바뀌고, 증오심은 나의 날갯짓에 남자를 향하고, 나는

죽여라라고 노래한다.

남자는 늘어져 앉은 채, 살충제를 마신 후에 격통으로 일그러질 자신의 얼굴을 상상한다.

배를 움켜쥐고 나뒹굴 모습을 상상한다.

그리고는 여전히 늘어져 앉아, 여전히 그렇게까지 해서 살아있다.

남자의 그런 모습을 바라보며 불안한 날갯짓을 하고 있는 나는 애써 동요를 감추며 단호한 목소리로

자살은

신(神)이 생물에게 준 최고의 선물이다라고 노래한다.

같은 자세로 앉아 상상만 하고 있던 남자는 이제 스스로에게, 애당초 있지도 않은 <살아야 할 이유>를 계속해서 들이대고 있다.

남자의 저 비굴하기 그지없는 <살아야 할 이유>들은 나를 또 다시 실망시키고, 나의 아름다운 날갯짓과 자비로운 노래를 공허한 것으로 만들어 버린다.

이제 더 이상 날갯짓을 할 힘도 없는 나는 절망에의 반발력이라도 빌어 보려 하지만,

노래는 목구멍을 넘지 못한다.

어느 새 남자는 살충제통을 들고 하수구로 향한다.

남자는 이내, <파란 독>을 흘려 버렸던 그 자리에, 물과 함께 살충제를 흘려 보낸다.

나에게는 이제 또 다시, 이 남자의 시시한 고통과 그 고통으로부터의 단조롭고 획일적인 도피의 기억만이 남겨질 것이다.

그러니, 희망에 대한 실망으로 괴로운 나는 남자의 등뒤에서 사라지기 전, 저주의 노래를 잊지 않는다.

너는 죽기 전까지,

그렇게까지 해서라도 살아 있을 것이다.

구슬

그럼, 그렇게 알고 있겠습니다.

선생은, 그러니까, 나흘 후에 다시 오시면 됩니다.

차 한 잔 더 드릴까요?

그러시지요.

물을 올리겠습니다……

그렇죠?

좀 특이한 그림이고, 특이한 배치지요?

그렇죠...... 뜻이 있다고 하자면, 있지요.

사실은 여기를 방문하는 사람들은 종종, 그런 의문을 가지고 저에게 질문을 합니다.

제가 항상 그런 질문에 대답을 하는 것은 아니지만, 선생한테는 얘기해도 괜찮겠지요...... 충분히 이해하실 테니까요.

제가 대답을 하지 않고 얼버무리는 경우는, 상대방이 제가 하는 얘기를 이해하지 못할 것 같은 경우입니다.

특별히 숨기고 싶은 것이 있어서 그러는 것은 아니지요.

바쁘시지 않다면, 저 두 그림에 관한 얘기를 들려 드릴 수도 있습니다......

아, 그러십니까?

마침 잘 됐군요.

그럼, 얘기를 들려 드리지요.

음...... 그러니까, 저 왼쪽에 걸려 있는 그림은, 오래 전에 어떤 화가의 공방(工房)을 방문해서 구입한 것입니다.

팔려고 내놓았던 것은 아니었지요.

오른쪽에 걸려 있는 그림도 같은 화가의 작품이고, 마찬가지로 공방에 직접 가서 구입한 것이지만, 훨씬 나중 일이었지요.

공방에서, 화가가 저에게 저 왼쪽 그림을 보여 주면서, 질문을 했어요.

이 그림의 제목은 <꿈>이라고 하는데, 그것이 의미하는 것이 뭔지 알겠느냐고요.

저는, 한참 동안 관찰을 하고 궁리를 한 끝에, 결국 그 의미를 알아맞혔습니다.

그런데, 제가 저 그림이 의미하는 바를 알아맞힐 수 있었던 것은, 제가 그 화가보다 나이가 훨씬 많았고, 그래서 그에 따른 경험이 많았기 때문만은 아니었습니다......

그림을 한 번 더 자세히 보시지요.

그리 넓지도 그리 좁지도 않은 길이, 화면의 중앙에서 좌우로 나 있지요?

그리고, 그림 한가운데에 있는 이 집에서 대여섯 걸음 오른쪽으로 사람이 서 있지요?

이 집은, 바로 이 사람의 집입니다.

다른 집들도 여럿 그려져 있지만, 바로 이 집이 이 사람의 집입니다.

다시 한 번, 이 집과 이 사람이 입고 있는 옷을 잘 비교해 보십시오.

아시겠습니까?

이 집이, 바로 이 사람의 집인 것입니다.

이 사람은 이 집의 오른쪽에 서 있지요?

이번에는, 이 사람의 얼굴을 잘 보십시오.

아주 늙었고, 경악에 차 있지요?

이 사람의 시선을 좇아가 보세요......

그렇지요?

양쪽 눈의 시선이 다르지요?

오른쪽 눈으로는 자신의 집을 보고 있고, 왼쪽 눈으로는, 자신의 집 왼쪽에 서서 길의 왼쪽 끝을 바라보고 있는, 이 아이를 보고 있는 것입니다.

그리고 그 두 눈을 합치면, 마치 눈앞에 아무것도 보이지 않는다는 듯, 매우 경악하고 있는 표정이 나오는 것이지요.

이번에는, 길의 왼쪽 끝을 바라보고 있는 이 아이를 보십시오.

이 아이가 누구이겠습니까?

그렇습니다.

언뜻 보면, 주위에 있는 다른 아이들과 별다를 것 없어 보이지만, 자세히 보면, 이 아이가 바로 이 집 오른쪽에서 경악에 찬 표정을 짓고 있는 이 늙은 사람 자신이라는 사실을 알 수 있지요.

이번에는, 이 아이와 이 집을 비교해 보십시오.

분명, 이 집은 이 아이가 사는 집이지요.

이 늙은 사람의 집이기도 하고요.

셋 모두 색조가 통일되어 있습니다.

이 아이의 표정을 잘 보십시오.

시선이 길 왼쪽 끝에 가 있는 것이 보이지요?

이 표정과 이 자세가 의미하는 것은…… 이 아이는 이제 반드시 왼쪽 길 끝을 향해 갈 것이라는 사실을 알 수 있겠지요.

사람이, 더군다나 아이가, 이미 이런 상태가 되어 있다면, 그 어느 것도 이 아이를 말리지 못하겠지요.

적절한 비유가 될지는 모르겠습니다만, 이 상태는 마치 젊은이가 열렬한 사랑에 빠져 있는 상태와 같다고 할 수 있을 것입니다……

저는 이 그림을 그린 화가에게, 저의 추측을, 마음 가는 대로, 떠오르는 대로 얘기했습니다.

이 집에서 태어나 자란 아이는 아마도, 이 길은 왼쪽으로 가나 오른쪽으로 가나, 끝이 없다는 얘기를 들었을 것이다.

그러나 인간의 인식구조로는, 끝이 없다는 것을 단지 개념으로만 파악할 수 있을 뿐, 그것을 실제로서 인식할 수는 없기 때문에, 아이는 그 끝없는 길의 끝을 실제로 보고 싶어 한다.

아이는 환상을 품게 되는 것이다.

아이의 환상은 시간이 갈수록 굳어지고, 아이가 자라는 동안 더 굳어지고, 그래서 어느 날 아이는, 그 길의 끝을 자신의 눈으로 직접 보기 위해 집을 떠난다.

집을 떠나, 길의 왼쪽을 향해 걷기 시작한다.

걷고, 걷고, 또 걷는다.

그러나 그 길의 끝은 나타나지 않는다.

걷는 사람은, 그 길의 끝이 그렇게 쉽게 나타나리라고는 생각지 않는다.

그래서 또 걷는다.

길을 걷는 동안, 수많은 일들이 벌어지고, 시간은 흘러 아이는 젊은이가 된다.

그 사이에도 젊은이는, 한 곳에 오래 머무는 일 없이, 계속해서 끝을 향해 걸어 나아간다.

그리고, 또 걷는다......

걷고 또 걸었지만, 아무리 걸어도 그 길의 끝은 나타나지 않는다.

그러나 조금만 더 가면 끝이 보일 듯한 생각에 사로잡혀, 이제는 발걸음을 멈출 수가 없게 된다.

혹은, 그 길은 정말로 끝이 없을지도 모른다는 의심에 사로잡히기도 하지만, 되돌아가기에는 이미 너무 늦어 버렸다는 사실을 깨닫게 된다.

이미 그 젊은이는 너무나 오랜 세월 동안 그 길을 걸어와, 이제는 늙어 버린 것이다.

이제는, 그 길의 끝이 있든 없든 간에, 계속해서 걸을 수밖에 없다.

그리고, 그렇기 때문에 또 걷는다......

또 다시 수많은 나날이 지나갔지만, 그 길의 끝은 여전히 보이지 않는다.

더 많은 날들이 지나갔고, 늙은이는 이제 너무 늙어, 더 이상은 걸을 수도 없게 된다.

발걸음을 멈춘 늙은이는, 좀 전의 걸음이 마지막 걸음이었고, 이제 내일은 오지 않을 것이라는 사실을 깨닫게 된다.

그래도 그 길의 끝은 보이지 않았고, 대신 이상하게 낯익은 풍경이, 늙은 눈에 들어온다.

늙은이는 경악한다.

그 오랜 세월을 걸어, 자신이 어릴 적 출발하였던, 그 자리에 되돌아온 것이다.

늙은이는 평생을 걸어, 제자리에 돌아왔던 것이다......

그 사람이 애당초 왼쪽으로 출발했든 오른쪽으로 출발했든, 그것은 중요한 일이 아니다.

왼쪽으로 출발하였다면 오른쪽으로 돌아왔을 것이고, 오른쪽으로 출발하였다면 왼쪽으로 돌아왔을 것이기 때문이다.

구도상으로는, 집을 사이에 두고 아이와 늙은이의 위치만 바뀌면 되는 것이다.

제가 그런 추측들을 마음껏 늘어놓자, 화가는, 듣는 내내 만족스럽게 웃었습니다.

그리고는, 그런 내용을 담은 것이라고 대답했지요.

바로 그것이라고요......

그렇지만, 앞서도 말씀드렸다시피, 제가 저 그림의 내용을 파악할 수 있었던 것은, 제가 단순히 그 화가보다 나이가 훨씬 많았고 그래서 그에 따른 경험이 많았기 때문만은 아니었습니다.

그것은, 실제로는, 요행이었지요.

제가 그림의 내용을 짐작할 수 있었던 것은, 저에게 실제로 저 그림의 내용과 유사한 경험이 있었기 때문이었습니다.

게다가 그 경험이란 것은, 그림을 보기 불과 얼마 전에 겪은 것이었습니다.

저 그림을 그린 화가는 자신의 환상 속에서 '길'을 보았겠지만, 저는 '구슬'을 보았습니다.

여러 개의 커다란 구슬과, 하나의 거대한 구슬이었지요.

제가 구슬을 보게 되었던 것은, 신경과민 때문이었습니다.

아니, 좀 더 정확히 말하자면, 신경과민 끝에 일어난 발작 때문이었지요……

그날은, 신경이 지나치게 날카로워져, 불쾌감이 극에 달했습니다.

불쾌감 때문에 지독한 분노가 치밀었지만, 그것을 어떻게 해소해야 할지 알 수가 없었습니다.

분노 때문에 심장이 뛰고, 가만히 앉아 있었는데도 숨을 쉬기가 힘들 정도였습니다.

속이 시커멓게 썩어가는 것이 느껴졌지요.

그러면서, 이상한 힘이, 자제할 수 없을 정도로 솟구쳐 올랐습니다.

그때를 생각하면, 지금도 몸서리가 쳐집니다.

극도로 예민해진 신경이, 저를 잡아먹고 있었지요.

불쾌하고 더러운 생각이 꼬리에 꼬리를 물고 이어지면서, 점점 더 부풀어 올랐습니다.

머리통이 마치 몸통의 두 배도 세 배도 넘게 커져 있는 것 같은, 기괴한 기분이 들었지요.

그러면서도 마음은, 손톱만큼 작아져 있는 것 같았습니다.

가만히 있기에도 고통스러울 정도로 흥분된 신경과 더러운 불쾌감은, 다시는 가라앉을 것 같지 않았습니다.

그때 만약 주변에 칼이라도 있었더라면, 저는 저 스스로를 마구 찔렀을지도 모릅니다.

아니, 분명 그랬을 것입니다.

고통에서 벗어나기 위해서요.

그런데, 그때 제 눈에 들어온 것은 칼이 아니라, 바로 저것이었습니다.

저 두 군데에서 연료가 최대한 많이 흘러나오게 열어 놓았지요.

그렇게 해 놓고, 저는 바닥에 누워 기다렸습니다.

이제 곧 이 안에 가득 찰 연료가, 저를 질식시키고, 모든 고통을 끝내 주리라 생각하니, 웃음이 나오더군요.

저는, 묘한 승리감에 취해서, 큰 소리로 웃었습니다.

큰 소리로 웃고 있는데도, 눈물은 계속 흐르더군요.

저는 연료를 계속해서 깊게 들이마셨습니다.

이내 정신이 몽롱해지고, 눈앞에는 노란 안개가 끼기 시작했습니다……

그렇지만, 결국 의식이 되돌아왔고, 의식이 돌아오자마자 느낀 것은, 지독한 두통이었습니다.

누군가가 커다란 망치로 계속해서 머리를 내리치고 있는 것 같았습니다.

내리치는 망치를 피하려고 몸을 움직이자, 바로 구토가 시작되었습니다.

도대체 얼마 동안 그러고 있었는지 모릅니다.

토해 낼 것이 더 이상 아무것도 없었는데도, 구토는 도무지 멎을 것 같지가 않더군요.

저는 한참 동안 바닥을 기다가, 구토로 인해 경직되어 버린 배의 근육을 펴기 위해 문고리를 잡고 일어섰지요......

제가 그때 살아남아서 지금 이렇게 선생한테 얘기를 할 수도 있는 것은, 그때 저 방문이 조금 열려 있었고, 저 방의 창문이 활짝 열려 있었기 때문입니다.

발작을 일으켰을 때, 저는 그런 사실을 알아차리지 못했던 것입니다.

제가 의식을 잃고 있었던 동안, 밖에서는 저녁 바람이 불었고, 그것이 이 안까지 불어 들어왔던 것이었지요.

두통과 구토가 너무나 지독해서, 결국 저는 연료를 잠가 버렸습니다.

그 일이 있고 나서 며칠 동안은, 후유증 때문에 넋이 나가 있었습니다.

먹으면 먹은 대로 토해 내고, 잠도 거의 잘 수가 없었지요.

아주 고통스러웠습니다.

의식이 분명하지 않아서, 도대체 지금 눈앞에 보이는 것이 꿈인지 현실인지, 구분을 할 수가 없었습니다.

배고픔 때문에 뭔가를 집어먹으려 하다가 잠이 들어 버린 것 같기도 하고, 뭔가를 집어먹고 나서도 구토가 일어나지 않는다고 느끼는 순간 잠에서 깨기도 했지요.

그리고, 그러는 동안 저는 몇 번이고 몇 번이고 '구슬'을 보았습니다.

여러 위치에서 구슬을 보았고, 심지어는 구슬 속에서 구슬을 보기도 했지요......

<구슬>의 환상들은, 순간순간으로 끊어져 있었고 또 너무나 단편적이어서, 처음에는 서로 아무런 관련이 없어 보였습니다.

그렇지만, 시간이 갈수록 같은 장면들이 반복되었고, 저는 서서히 그 단편적인 장면들을 짜 맞출 수가 있었지요.

결국 그 <구슬>의 환상들은 하나의 맥락을 이루더군요.

그리고 그 맥락이란 것은, <꿈>이라는 제목을 가진 저 그림과 그리 다를 것이 없었습니다.

좀 더 정확히 말하자면, 소재는 다르지만 주제는 같다고 할 수 있을 것입니다......

구슬들이 나오는 그 환상 속에서, 저는 하나의 구슬 속에 있었습니다.

그 구슬은 굉장히 커다란 구슬이었지요.

그 구슬 안에, 2층짜리 건물이 들어 있었으니까요.

구슬 한 가운데에 있는 건물은, 땅 위에 서 있었습니다.

구슬의 반은, 땅으로 되어 있었던 것입니다.

건물은 정사각형이었지만, 가운데는 비어 있었습니다.

2층짜리 건물이 사각형으로 둘러싸고 있는 가운데는, 넓은 마당이었습니다.

마당 한가운데에는 넓은 책상과 의자가 있었고, 그 주변에는 흙만 보일 뿐이었습니다.

넓은 책상 위에는, 수십 권의 공책과 필기도구와 측정기구 등이 놓여 있었지요.

그 사각형 건물 주위는 땅이었지만, 그 땅을 둘러싸고 있는 것은 물이었습니다.

물이 땅을 동그랗게 둘러싸고 있었습니다.

그 구슬의 아래쪽 반이 그렇게 땅과 물로 채워져 있었고, 나머지 위쪽 반은 하늘이었지요.

푸른색에, 제 기억으로는, 아마 구름도 있었을 것입니다.

어쨌든, 저는 그 건물 가운데에 있는 마당에서 책상에 앉아, 뭔가를 연구하고 있었습니다.

연구한 것을, 열심히 공책에 기록했던 기억이 납니다.

아니, 사실은 도대체 얼마나 많은 날들을 그렇게 보냈는지 알 수 없을 정도로, 계속 그러고 있었던 것이라는 느낌이 들었습니다.

뭔가를 그렇게도 연구하고 있었지요.

어느 날, 그날도 저는 연구 결과를 공책에 기록하고 있었는데, 구슬 천정으로부터 내려와 있는 실 끝에 매달린 나뭇잎이 흔들렸습니다.

저는, 제가 앉아 있던 그 책상 앞에서 흔들리고 있던 나뭇잎을 보고는, 누군가가 저의 구슬로 찾아왔다는 사실을 알 수 있었지요.

누군가가 찾아왔고, 그래서 나뭇잎이 흔들렸던 것입니다.

저는 자리에서 일어나, 건물 안으로 들어갔지요.

그리고는, 지하로 내려가는 통로를 따라갔습니다.

그 통로는, 구슬의 가장 밑바닥까지 이어져 있는 통로였습니다.

구슬의 밑바닥까지 내려가자, 문 하나가 바닥에 나 있었습니다.

그 문 밑에서, 누군가가 문을 두드리고 있었지요.

저는 문을 열었습니다.

문을 열고 내려다보자, 그곳에는 한 여자가 저를 올려다보고 있었습니다......

아닙니다.

거기에는 중력의 개념 따위가 없었기 때문에, 사실은 그 여자 또한 저를 내려다보고 있었고, 그 여자 입장에서는, 제가 자신을 올려다보는 것으로 보였을 것입니다......

어쨌든, 저는 알고 있었지요.

그 여자가 살고 있는 구슬의 밑바닥과 제가 살고 있는 구슬의 밑바닥이 서로 접합되어 있고, 그러니까, 두 개의 구슬이 접합되어 있고, 그래서 우리는 서로 소통을 할 수 있는 것이라는 사실을 말입니다.

여자는, 자신을 쳐다보고 있는 저에게 다짜고짜, 물을 좀 얻을 수 있느냐고 물었습니다.

저는 물을 나누어 줄 수 있다고 대답했지요.

저의 구슬에는 물이 풍족했고, 그 여자는 어떤 이유에서인지, 물을 필요로 했었나 봅니다.

저의 구슬에서 그 여자의 구슬로 배수(排水)를 하는 동안, 여자는 저의 구슬을 구경해도 되느냐고 물었고, 저는 여자를 저의 구슬 안으로 안내했습니다.

여자는 우선 건물의 외곽을 돌았습니다.

구슬 속의 땅을 둘러싸고 있던 물이 움직이는 것을 볼 수 있었지요.

배수가 이루어지고 있었으니까요.

건물 외곽을 한 바퀴 돈 다음, 여자는 건물 안을 보고 싶다고 했고, 저는 여자를 건물 안으로 안내했습니다.

먼저 1층을 돌고, 다음으로 2층을 돌았습니다.

하지만, 1층이나 2층이나 다를 것은 없었습니다.

모든 방들은 책장으로 가득했고, 그 책장들은 전부 공책으로 채워져 있었습니다.

전부, 제가 연구한 결과를 기록한 공책들이었지요.

여자는 책장에 가득했던 공책들 중 몇 권을 꺼내어 그 내용을 훑어보고는, 그것들이 전부 무엇이냐고 물었습니다.

저는, 사실을 그대로 대답했습니다.

그 모든 것들은, 구슬에 관해 연구한 결과를 기록한 것들이라고요.

이 세상에는 당신의 구슬이나 나의 구슬과 같은 많은 구슬들이 있는데, 그 구슬들은 아마도 하나의 거대한 구슬 속에 들어 있을 것이라는, 저의 가설을 얘기했습니다.

저는 그 세상의 무한한 것 같은 공간이, 사실은 무한하지 않고, 하나의 거대한 구슬 모양으로 되어 있는 것이라고 믿고 있었습니다.

'언제'와 '어떻게'는 알 수 없었지만, 저는 몇 번인가 그 세상의 외벽(外壁)을 감지한 것 같은 느낌을 받았습니다.

그리고 만약 공간에 한계가 있다면, 다시 말해서, 그 세상이 정말로 거대한 구슬의 모양을 하고 있다면, 그 바깥으로 나갈 수도 있다는 생각을 하였던 것이지요.

어쩌면, 그 거대한 구슬 밖으로 나가는 통로가 있을지도 모른다는 생각도 하였습니다.

저는, 기억도 나지 않을 만큼 오래 전부터, 그런 것들을 연구하고 있었던 것입니다.

여자는 저의 그런 얘기를 흥미롭게 들었습니다.

그리고는 저에게 물었지요.

만약, 우리와 우리의 구슬들이 하나의 거대한 구슬 속에 들어있는 것이라면, 그 바깥에는 무엇이 있을까 하고요.

저는 솔직하게, 알 수 없다고 대답했습니다.

그 바깥으로 나가는 통로나 방법이 있는지도 알 수 없다고 대답했습니다.

사실, 그런 것들은 알 수가 없었지요.

알 수 있었던 것은 단지, 그 세상이 아마도 구슬의 외벽처럼 완만한 굴곡이 있는 거대한 외벽으로 둘러싸여 있을 것이라는 느낌뿐이었고, 또 그렇기 때문에, 저는 계속해서 그것에 관해 연구를 하고 있었던 것이고요.

원하는 만큼의 물을 얻은 여자는, 물에 대해 감사하고, 구슬 안을 구경시켜 준 것에 대해 감사하고, 흥미로운 얘기에 감사하고는 자신의 구슬로 돌아갔습니다.

이내 두 구슬은 분리되었고, 여자의 구슬은 사라져 갔습니다.

하던 연구를 계속하려고 책상으로 돌아오면서, 저는 두 가지 사실을 발견했습니다.

하나는, 땅을 둘러싸고 있던 물이 생각만큼 줄어들지 않았다는 사소한 사실이었고, 또 하나는, 못 보던 공책 한 권이 건물 입구에 떨어져 있다는 사실이었습니다.

저는, 그 공책이 어째서 그 자리에 떨어져 있는지 의아해하며, 그것을 책상으로 들고 돌아왔습니다.

그리고 책상으로 돌아오고 나서야, 그 공책이 저의 것이 아니라는 사실을 깨달았습니다.

언뜻 보아도, 안에 씌어 있던 글자들은 저의 필체가 아니었습니다.

저는 놀랐지요.

그런데, 그 내용을 읽어 보고는, 더욱 더 놀랄 수밖에 없었습니다.

저는 문득, 그 공책이, 좀 전에 나타나서 물을 얻어 갔던 그 여자가 고의로 놓고 간 것이라는 사실을 깨달았습니다.

건물 입구에, 가장 눈에 띄는 자리에 그 공책을 놓고 간 것이었지요.

어쩌면 그 여자는, 제가 무엇을 연구하고 있는지, 미리 알고 있었던 것인지도 모릅니다.

여자가 남기고 간 공책에는 우선, 그 세계가 하나의 거대한 구슬 속에 들어 있다는 사실에 대한 증명이 기록되어 있었습니다.

그 세계의 외벽에는 미세하지만 일정한 굴곡이 있었고, 그 굴곡의 정도는 그 세계의 어느 부분에서도 일정하다는 사실이, 몇 가지 방법으로 명확히 증명되어 있었지요.

그 공책에 두 번째로 기록되어 있었던 사실은, 놀랍게도, 그 구슬의 세계가 외벽 바깥과 통해 있다는 사실이었습니다.

구슬의 세계에는 구슬 형태의 외벽이 있었고, 그 외벽 바깥에는 또 다른 무엇인가가, 즉 또 다른 세계가 있었던 것이지요.

저는 경악한 다음의 흥분 상태에서, 몇 번이고 몇 번이고 되풀이해서 그 공책의 내용을 읽어 보았습니다.

그러나 거기에는, 구슬의 세계 외부로 통하는 곳이 어느 지점인지, 혹은 외부로 나갈 수 있는 방법이 어떤 것인지에 관해서는 아무런 언급도 없었습니다.

구슬의 세계 바깥이 어떤 곳인지에 관한 내용도 없었습니다.

그 공책 덕분에 새로 알게 된 사실은 많았지만, 여전히 많은 의문들이 남아 있었습니다.

저의 연구는 이제 다른 단계로 넘어가야 할 상황이었습니다.

일단은 구슬의 외부로 통하는 통로와 방법을 찾아야 한다고 생각했지요.

찾아서 어쩔 것인가 하는 문제는, 그 다음 문제였습니다.

저는, 여자가 남기고 간 공책의 내용을 기반으로, 건물의 방들을 가득 메우고 있던 저의 연구 결과들을 다시 한 번 검토해야겠다고 생각했습니다.

하지만, 그 생각은 결국 실현되지 못했습니다.

이내 저의 구슬로 이상한 사람들이 찾아왔습니다.

책상 앞에 매달려 있던 나뭇잎이 심하게 흔들렸지요......

저의 구슬로 거의 강제적으로 들어온 사람들은 저에게, 어떤 여자가 이곳으로 찾아오지 않았느냐고 물었습니다.

저는, 그 갑작스러운 질문에 어떤 대답을 해야 할지 몰라, 머뭇거렸던 것 같습니다.

그리고 그들은 저의 태도에서 즉시, 자신들의 질문에 대한 답을 얻었던 것 같았습니다.

저는 결국 아무런 대답도 하지 않았지만, 그들은 사실을 알게 되었던 것 같습니다.

그들은 지체 없이, 그리고 말도 없이, 저의 연구 결과들을 뒤지기 시작했습니다.

몇몇은 건물 안으로 들어가 책장의 공책들을 뒤졌고, 몇몇은 마당 한가운데로 가 책상 위의 공책들을 뒤졌습니다.

겉보기에도 익숙한 손놀림이었습니다.

그 이상한 사람들은 결국, 여자가 남기고 간 공책에 주목하였습니다.

공책들에 기록되어 있던 연구 결과를 훑어보던 그들의 행동은, 바로 거기서 그쳤지요.

그들은 잠시 상의를 하였고, 저와 저의 구슬을 어떤 곳으로 데려갔습니다......

어떤 경유로 그곳까지 가게 되었는지는 기억에 없습니다만, 제가 또 다른 구슬 안에 있었다는 것은 기억하고 있습니다.

그 또 다른 구슬은, 저의 구슬보다도 훨씬 거대한 구슬이었습니다.

기억하건대, 그 구슬 안에는 거대한 건물이 여럿 있었고, 사람들도 많았습니다.

사람들은, 저의 구슬로 찾아와 저를 그곳까지 데려갔던 그 사람들이었습니다.

아니.

제가 기억하기로, 그 구슬 안에는, 그런 사람들이 더 많았을 것입니다.

하지만, 제가 그 구슬 안을 전부 둘러본 것은 아닙니다.

어쨌든, 저는 그 구슬 안 건물의 한 방에 있었습니다.

창문 밖을 내다보고 있었지요.

그 거대한 구슬 안의 풍경을 바라보고 있었습니다.

그리고, 그러던 중, 누군가가 방 안으로 들어왔습니다.

들어온 사람은, 머리카락도 눈썹도 얼굴도 모두 하얗게 바래 있었습니다.

쉽게 말해서, 아주 늙은 사람이었습니다.

말은 느렸지만, 발음은 정확했습니다.

그 사람은 저에게 몇 가지 질문을 하였지만, 실제로 의문을 가졌던 것 같지는 않았습니다.

저는, 그 사람이 이미 저 같은 사람들을 수없이 상대해왔다는 사실을 짐작할 수 있었지요.

그 사람은, 어째서 그런 연구를 했느냐고, 저에게 묻더군요.

저는 사실을 사실대로 대답했습니다.

기억도 나지 않는 오래 전 어느 날, 이 세상이 거대한 구슬 속에 들어 있는 세상이라는 느낌이 들었고, 그래서 그것이 사실인지 아닌지 알고 싶었다고요.

그랬더니 그 늙은 사람은, 만약 이 세상이 거대한 구슬로 되어 있고, 만약 그 구슬 밖에 무엇인가가 있다면, 만약 그렇다면, 그 다음은 무엇을 어찌 할 것이냐고 물었습니다.

과연, 무엇을 어찌 했을까요?

저도 그 답은 알지 못했습니다.

실제로, 무엇을 어떻게 할 것이라는 계획 같은 것은 전혀 없었으니까요.

구슬 밖으로 나가는 방법을 알게 되었다면, 그 밖으로 나가려 했을지도 모르지요.

물론, 아니었을지도 모르고요.

어쨌든, 그 사람은 저에게, 제가 행한 모든 행위는 죄에 해당하는 행위이고, 그것이 밝혀진 이상, 저를 처벌하지 않을 수가 없다고 말했습니다.

저는 물론 그의 말을 이해할 수 없었습니다……

아니.

제가 그의 말을 이해할 수 없었다는 것은, 아마도 제가 지금 이 세상에서 그 세상을 기억하기 때문일 것입니다.

그 세상에 있었을 당시에는, 어쩌면, 모두 이해하고 있었는지도 모르지요……

저는 문득, 저의 구슬에 찾아와 공책을 남기고 갔던 그 여자가 생각나, 그 늙은 사람에게 그녀의 행방을 물었습니다.

그 사람은, 그녀 또한 곧 붙잡혀 처벌될 것이라고 대답했습니다.

그리고는, 아주 느린 어조로 덧붙여 얘기했지요.

구슬 밖을 꿈꾸는 사람들은 전에도 있었고, 지금도 있고, 앞으로도 있을 것이라고요.

그리고 구슬 밖을 꿈꾸는 것은 죄이고, 그들은 모두, 결국에는 처벌받게 된다고 말입니다.

그 늙은 사람이 말한 처벌이란 것은, 저와 같은 죄인들을 일정 기간 동안 구슬 밖에 머물게 하는 것이었습니다.

구슬 밖을 꿈꾸었던 죄인들에게 내려지는 처벌이 구슬 밖에 머물게 하는 것이라는 사실이 이상하기도 합니다만, 그것이 이상한 것은, 우리가 지금 이 세상의 논리로 그것을 생각하기 때문이겠지요.

어쨌든, 결국 저에 대한 처벌은 이루어졌습니다.

저는 일정 기간 동안 구슬 밖의 세계에 머물게 되었습니다.

구슬 밖의 세계......

다시 말해, 저는 이 세상에 태어나게 되었던 것입니다......

저 <꿈>이라는 그림을 그린 화가가 보았던 환상과는 달리, 저는 <구슬>의 환상을 보았지요.

그러나, 그 둘은 같은 맥락을 가지고 있는 것으로 보입니다.

<꿈>에 그려진 사람이 평생을 걸어 다시 제자리로 돌아온 것도, 어쩌면 처벌이었는지 모르지요.

화가가 그것을 의식했는지 안 했는지, 저는 그때 묻지도 않았지만 말입니다.

어쨌든 저는 그렇게 해서, 저 왼쪽에 걸려 있는 <꿈>이라는 그림의 내용을 추측할 수 있었던 것입니다......

선생!

저 그림을 그린 화가는 제자리로 돌아오는 먼 길을 보았고 저는 구슬을 보았지만, 사실은, 같은 화가가 저 오른쪽 그림에 담은 저 내용이야말로 타당한 것 같습니다.

그 화가는 <꿈>을 그리고 난 후에 저것을 완성했다고 했지요......

간단한 사실을 한번 상기시켜 보십시오.

우리는 어제의 기억을 가지고 있습니다.

지난해의 기억 또한 일정 부분 가지고 있습니다.

그 전 해의 기억도, 물론 어느 정도 가지고 있지요.

그런 식으로 거슬러 가다 보면, 우리는 기억할 수 있는 한 가장 오래 된, 어릴 적의 기억을 떠올릴 수 있을 것입니다.

그렇지만, 그 최초의 기억 이전의 기억은 없지요.

기억뿐만이 아니라, 시간을 더 거슬러 가면, 우리는 의식조차도 가지고 있지 않았던 때가 있었지요.

우리가 이 세상에 태어나기 전 말입니다.

우리가 태어나기 전에, 우리의 의식이 생겨나기 전에, 그 전에, 영원한 시간이 있었습니다.

그리고 비로소 우리는 태어났고, 의식이란 것이 생겨났지요.

기억은 의식이 생겨난 이후에나 생겨났고요......

언젠가 우리가 죽게 되면, 우리의 의식이란 건 없어져 버리고, 그 뒤에는 의식이 없는 채로 영원한 시간만이 남을 것입니다.

다시 말해, 우리가 죽으면, 우리는 태어나기 전에 있었던 그런 상태로 돌아가는 것이지요.

너무나 당연한 사실 아니겠습니까?

우리가 태어났을 때 의식이 생겨났듯이, 죽으면 그 의식도 없어지겠지요.

시작이 있는 것에 끝이 있다는 것은 당연한 일이니까요.

시작이 있는 삶에 끝이 있으면 안 된다고 주장하는 것은, 삶의 욕구에 취해 정신이 나간 사람들이나 부릴 법한 억지이지요.

죽으면, 태어나기 전의 상태로 돌아가는 것입니다.

태어나기 전의 상태 말입니다......

탄귀 선생!

화가가 저 오른쪽 그림에 그린 것이, 바로 그것입니다.

우리가 태어나기 전에 있었던 곳, 우리가 죽고 나서 있게 될 곳, 바로 그곳을 그린 것이지요.

저는 가끔씩 저 두 그림들을 바라보면서, 위안을 얻습니다.

저 그림들을 바라보면, 지나치게 예민해진 신경이 진정되지요.

그리고 바로 그것이, 제가 저 두 그림 모두를 구입했던 이유입니다.

특히, 저 오른쪽 그림은, 왼쪽에 있는 <꿈>보다도, 제가 보았던 <구슬>의 환상보다도, 더 정확한 것 같지 않습니까?

사정을 모르는 사람들은, 어째서 저 오른쪽에는 액자만 걸려 있는 것이냐고 묻지만 말입니다……

야비한 구앙뽀라

아마도 기자(記者)로서의 본성과 습관이 이것을 기록하게 만드는 것이리라.

그러나, 계획살인으로 종신형을 받은 내가 이곳에서까지 기사의 소재를 수집하는 것은, 언젠가 다시 자유를 얻어, 기자 일을 다시 할 수 있을지도 모른다는, 어렴풋한 희망을 갖고 있기 때문이 아닐까?

나는 아직도 내가 처한 상황을 믿지 못하고, 거부하고 있는 것일까?

어쨌든, 범죄자들은 기사거리가 될 만한 소재를 가지고 있고, 나의 본성으로는, 그것들이 망각의 저편으로 흘러가 버리도록 내버려둔다는 것은 견디기 힘든 일이다.

이제부터 기록하려는 이야기를 들려주었던 늙은 죄수의 말에 의하면, 나의 이런 행동 또한 내가 선택할 수 있는 행동이 아닌 것이다.

그의 말이 사실이라면, 나에게는 기록하지 않을 자유가 없다.

그리고 그것은, 씁쓸한 일이지만, 사실일 것이다......

이곳의 한 늙은 죄수가 <야비한 구앙뽀라>에 관해 얘기를 꺼낸 데에는 계기가 있었다.

이곳에서 그리 멀지 않은 곳에 대규모 풍력 발전소 건설 예정지가 있는데, 이곳의 죄수들이 그 건설부지의 진입로 공사에 동원되었다.

낮까지만 해도 창창했던 날씨가 돌변해, 비가 내리기 시작했다.

작업에 나가기 전부터 소나기가 한 차례쯤 내리리라는 것은 예상하고 있었기 때문에, 잠시 비를 피하며 기다렸지만, 비는 그치지 않았다.

간수들은 작업 재개를 포기하고, 철수를 지시했다.

그러나 죄수들은 그날 결국, 형무소로 돌아오지 못하고 작업현장에서 하룻밤을 보내게 되었다.

비 때문에 산사태가 일어났고, 그것이 하나밖에 없는 진입로를 막아 버렸던 것이다.

간수들은 예정에 없던 상황이 닥치자 모두 긴장하였고, 죄수들을 호송차 밖으로 나오지도 못하게 하였다.

죄수들은 스스로 도로를 복구하겠다고 제의하고 간수들의 답변을 기다렸지만, 결국 복구는 중장비가 동원되지 않으면 불가능하다는 답변을 들었다.

죄수들뿐만 아니라 간수들도, 그저 복구가 빨리 끝나기만을 기다리는 수밖에 없었다.

간수들은 호송차들을 서로 바짝 붙여 차의 문과 창문을 막아버렸다.

해가 지고 주변이 어두워졌지만, 결국 차내에 불을 켜지 않았다.

280명가량 되는 죄수들은 어둠 속에서 할 일이 없었다.

내가 타고 있던 호송차의 죄수들은, 기다리는 지루함을 달래기 위해, 얘기를 하기 시작하였다.

주로 자신들의 과거에 관한 얘기들이었다.

그리고, 어쩌면 호송차 안에 갑갑하게 갇혀 있어서 그랬는지는 모르지만, 죄수들의 이야기는 자유에 관한 논쟁으로 옮겨갔고, 이윽고 <야비한 구앙뽀라>라는 말도 나오게 되었다.

나는 죄수들의 자유에 관한 논쟁에는 아무런 흥미도 느끼지 못했지만, <야비한 구앙뽀라>라는 말에는 솔깃하였다.

무엇보다도, 누군가가 <구앙뽀라>라는 오래된 이름을 알고 있다는 사실에 놀랐다.

그 이름은, 나 또한 오래된 책의 한 귀퉁이에서 살짝 보았을 뿐이었다.

혹은, 내가 그렇게 기억하고 있는 것뿐인지도 모른다.

<구앙뽀라>는 구(舊)시대의 전설적인 해적이었다고 알려져 있지만, 실존인물이었는지 아닌지는 분명하지 않다고도 알려져 있다.

그리고 그 해적은 <야비한 구앙뽀라>라는 이름으로 알려져 있다.

나는 죄수들 사이에서 벌어졌던 자유에 관한 논쟁이 어디까지 진행되었는지는 알 수 없었지만, 어둠에 대고 <야비한 구앙뽀라>에 관해 아는 사람이 있으면 얘기를 좀 해 달라고 말했다.

그러자 누군가가, <구앙뽀라>는 옛날에 살았던 최고의 해적이었고, 그는 이 세상에서 가장 자유로웠던 사람이었고, 그는 끝까지 잡히지 않고 살아남았다는 얘기를 하였다.

그리고 또 다른 누군가는 냉소적인 어투로, 사람들이 그런 식으로 만들어 낸 인물은 한 둘이 아니라고 말했다.

나를 포함하여 그때 그 호송차 안에 있던 죄수들은 모두, 어쩌면 과거에 <구앙뽀라>라는 해적이 실제로 있었을지도 모르지만, 결국 <야비한 구앙뽀라>로 알려진 인물은, '완벽한 자유의 상징'일 것이라는 결론을 내렸다.

많은 사람들이 오래도록 완벽한 자유를 동경하였지만, 아무리 동경해도 현실에서는 완벽한 자유가 존재할 수 없기 때문에, 그 완벽한 자유를 <야비한 구앙뽀라>라는 해적으로 상징화했다는 것이었다.

누군가가 '배설하지 않을 자유가 있겠는가'라고 말했고, 죄수들은 웃음을 터뜨렸다.

죄수들의 웃음이 채 그치기도 전에, 그때까지 아무 말도 하지 않고 있었던 한 늙은 죄수가 <야비한 구앙뽀라>는 완벽한 자유의 상징이 아니라고 말했다.

이어 그 늙은이는, <야비한 구앙뻐라>는 완벽한 자유의 상징이 아니라, 오히려 '그 어떤 자유도 존재하지 않는다'는 사실을 상징화한 것이라고 주장했고, 자신은 젊었을 적에 <구앙뻐라>의 무덤에까지 갔었다고 덧붙여 말했다.

다른 죄수들은 늙은이의 말에 관심을 갖지 않았지만, 나는 그렇지 않았다.

나의 기자로서의 본능은 그 늙은이의 말에 뭔가가 있다는 것을 눈치 챘고, 나는 그 늙은이에게 많은 질문을 했다.

죄수들이 호송차에 갇힌 지 벌써 오랜 시간이 지나 있었고, 죄수들은 작업으로 인한 피로 때문에 대부분이 이미 잠들어 있는 듯했다.

더군다나, <구앙뻐라> 얘기를 했던 그 늙은이의 목소리는 낮고 부드러웠기 때문에, 얘기 내용에 관심이 없는 사람들에게는 그의 얘기가 자장가로 들렸을 것이다.

그런 상황 속에서 오갔던 문답(問答)들을 정리하면, 대략 다음과 같다.

- 당신은 구앙뻐라를 어떻게 아는가?

나는 평생 장물아비였고, 많은 지식을 가진 사람들을 제법 안다.

구앙뻐라에 관한 얘기들은 주로 해적들한테 들었던 것 같다.

해적이라고 해서, 다 알고 있는 건 아니다.

해적들 중에서도 주로 명령하는 입장에 있는 자들은 결코 무지하지 않고, 그들은 구앙뻐라에 관해 알고 있다.

어쨌든 구앙뻐라는 해적이었으니까.

- 당신이 알고 있는 구앙뽀라는 어떤 인물이었는가?

그는 <야비한 구앙뽀라>로 알려져 있지만, 야비한 행적은 알려져 있지 않다.

어째서 그런 형용사가 붙었는지는 모른다.

구앙뽀라는 상선(商船)이나 객선(客船)뿐만 아니라 해적선까지도 약탈했었다고 한다.

그는 감찰청과 해적들 양쪽으로부터 추적당했지만, 끝내 잡히지 않았다고 한다.

그의 부하들 중에서도 잡힌 자는 없었다고 하는데, 그것까지는 알 수 없다.

해적에 대한 처벌은 무조건 사형이었으니까, 잡혀 죽든 싸우다 죽든 다를 게 없었다.

아무 배나 약탈했던 것을 보면 알겠지만, 구앙뽀라는 그 어떤 것에도 개의치 않고, 자신이 원하는 대로 행동했다.

애당초 그는 '자유'를 찾기 위해 해적이 되었다고 한다.

- 당신은 구앙뽀라의 무덤 얘기를 했는데......

그렇다.

구앙뽀라의 무덤에 갔었다.

- <야비한 구앙뽀라>를, 실존인물이었다고 생각하는가?

사실은, 나도 모른다.

나는 소망과 현실을 착각하지는 않는다.

그가 실존인물이었는지 아닌지는 판단하기 어렵다.

하지만, 그것이 중요한 문제라고 생각하지는 않는다.

- 그렇다면, 구앙뽀라의 무덤은 어떻게 되는 것인가?

그것도 마찬가지이다.

그 무덤이 실제로 구앙뽀라의 무덤인지 아닌지는 중요하지 않다.

중요한 것은, 그 무덤이 상징하는 것이다.

더 중요한 것은, 그 상징을 인식하는 인간의 심리이다.

- 무덤에 갔던 얘기를 해 달라.

구앙뽀라의 무덤은, 한 번 갔다 오면 다시는 가고 싶지 않을 정도로 멀리에 있다.

먼 바다에는 잘 알려진 섬들이 있다.

거기서 더 멀리 가면, 잘 알려져 있지 않은 섬들이 드문드문 나타난다.

그런 섬들을 지나 더 멀리 가면, 해적 무리들의 소굴이 있는 섬들이 있다.

그보다 더 멀리에는 계속, 해적들의 소굴이 되어 있는 섬들이 간간이 나타난다.

그리고 그보다도 더 멀리 가야 한다.

더 멀리 가면, 해적들도 오지 않는 섬들이 있고, 그런 섬들을 한참 지난 곳에 있는 한 섬에 구앙뽀라의 무덤이 있다.

그의 무덤은, 무덤이라기보다는 차라리 하나의 석조 건축물이라고 하는 것이 옳다고 할 만큼 거대하다.

구앙뽀라의 무덤이니까, 구앙뽀라나 그의 부하들이 만들었다고 생각해야겠지만, 사실은 도대체 누가 어떻게 거기에 그런 것을 만들었는지 의문스러울 따름이다.

그 건축물 어디에 구앙뽀라가 묻혀 있는지는 알 수 없었고, 상상조차 하기 힘들었다.

그렇지만, 거기에는 분명 묘비로 보이는 비석이 세워져 있었고, 아마도 거기에 씌어 있는 비명(碑銘)이 그곳을 구앙뽀라의 무덤이라고 믿게끔 만들었던 것 같다.

비명은 '마침내 자유를 얻었노라'라는 것이었다.

나 또한 어리석게도, 그곳에 가기 전까지는 <야비한 구앙뽀라>를 완벽한 자유의 상징으로만 생각했었다.

하지만, 내가 그곳에서 얻은 결론은 너무나 간단한 것이었다.

만약 구앙뽀라가 자유를 찾아 자유를 손에 넣은 자라면, 다시 말해, 만약 구앙뽀라가 자유의 화신(化身)이라면, 그의 죽음과 그의 무덤이 의미하는 것은 무엇이 되겠는가?

설마, 자유가 거기에 죽어 있다는 것인가?

구앙뽀라와 그의 무덤은 결국 상징의 문제이고, 그 상징을 받아들이는 인간의 심리 문제이다.

구앙뽀라가 실존인물인지 아닌지, 혹은 그 무덤이 구앙뽀라의 무덤인지 아닌지는, 중요한 문제가 아니다.

내가 구앙뽀라를 찾아 그곳까지 갔던 것은, 어쩌면 나 또한 '완벽한 자유'라는 것을 동경했기 때문이었는지도 모른다.

그러나 구앙뽀라의 묘비 앞에 서 있었을 때, 어렴풋이 느끼고 있던 여러 가지 사실들이 너무나 명확해졌고, 나는 그때 커다란 실망을 안고, 나의 자유를 포기해 버렸던 것이다.

- 당신의 자유를 포기했다고?

그렇다.

나는 그때 그곳에서, 나의 자유를 포기해 버렸다.

다시 말해, 나는 내가 어느 한 순간이라도 자유로울 수 있을지 모른다는 가능성을 믿지 않게 된 것이다.

- 당신이 만약 이 감옥에서 벗어난다면?

그런 것은 아무런 상관이 없다.

내가 어디에 어떤 상태로 있든 간에, 나에게는 그 어떤 자유도 없다.

- 그것은 일종의 상징인가?

상징이 아니다.

실제 현상이다.

상징은 <야비한 구앙뽀라>와 그의 무덤이고, 내가 말하는 것은, 그런 상징들이 암시하고 있는 실제 현상이다.

- 감옥에 들어오기 전에 당신은 자유롭지 않았던가?

그런 차원의 문제가 아니다.

<야비한 구앙뽀라>가 상징하는 것은, 애당초 그 어떤 자유도 존재하지 않는다는 것이다.

- 좀 더 자세하게 설명을 해 달라.

형무소의 장기 복역수에게 가장 위안이 되는 사실이 뭔지 아는가?

- 여기 온 지 얼마 되지 않아서 모른다.

앞으로 여러 번 듣게 될 것이다.

장기 복역수에게 가장 위안이 되는 사실은, 형무소 안이나 형무소 밖이나, 똑같은 감옥이라는 것이다.

가축들이 갇혀 있는 우리를 한번 생각해 보라.

가축들은 인간이 언제 자신을 도살할지 모르고 살아간다.

인간이 일단 마음먹고 하나를 찍으면, 그 가축은 저항해 봐야 소용이 없다.

인간도 마찬가지이다.

사고와 질병과 노쇠가 언제 자신을 도살할지 모르는 채로 살아간다.

아무도 이 세상이라는 우리에서 도망치지 못한다.

가축들과 마찬가지로, 운명이 살려 둘 때까지만 살아 있을 수 있는 것이다.

그것은 분명, 죄수들이 누리기에는 아까운 위안일 것이다.

그런데, 그보다 더한 것이 있다.

그것이 바로, 그 어떤 자유도 애당초 존재하지 않는다는 <야비한 구앙뽀라>의 상징이다.

그러나, 말귀를 알아먹는 사람은 많지 않다.

내가 보기에 당신은 교육받은 사람인 것 같은데, 그런가?

- 나는 기자였다.

무슨 짓을 했는가?

- 사람을 죽였다.

우발적이었나?

- 심사숙고 한 끝에 죽였다.

종신형, 맞나?

- 그렇다.

계획살인이 어째서 종신형 이상인지 아는가?

- 살인의 결과를 알고도 살인을 했기 때문이라고 알고 있다.

그렇다.

법은, 당신이 앞으로도 같은 상황에 처하면 또 다시 살인을 할 것이라고 판단했고, 그래서 당신은 종신형에 처해진 것이다.

이곳의 법은, 만약 당신에게 같은 상황이 닥쳤을 때 살인을 하지 않을 자유가 없다고 판단했던 것이다.

그 점에 대해, 어떻게 생각하는가?

- 안 할 수도 있었지만, 내가 제정신으로 있기 위해서는 그보

다 더 좋은 방법이 없다고 생각해서 그런 선택을 한 것이다.

무슨 얘긴지 알겠다.

그러나, 당신이 살인을 선택했다는 것은 옳지 않다.

당신은 선택한 것이 아니다.

당신은 그 상황에서 살인을 포기할 자유가 없었다.

그러니, 그것은 선택이 아니다.

– 나는, 살인을 하고 난 다음의 결과와 살인을 하지 않은 다음의 결과를 심사숙고해서 비교한 끝에, 살인을 선택한 것이다.

그것이 바로 내가 얘기하고자 하는 부분이다.

당신은 뭔가를 선택했다고 생각했지만, 그것은 선택이 아니었다는 것이, 내가 하려는 얘기이다.

잘 들어 보라.

벌레 잡는 등(燈)을 알 것이다.

어떤 벌레들은 불빛을 보면, 그 불빛으로 날아간다.

불빛으로 날아가 그 불에 타 죽는 것이다.

어부(漁夫)들이 특정한 물고기를 잡기 위해 밤중에 불빛을 비추는 것을 알 것이다.

물고기들은 불빛을 향해 헤엄쳐 온다.

그렇게 해서 잡힌 물고기를 놓아주어도, 그 물고기는 즉각 다시 불빛을 향해 헤엄쳐 온다.

사람이 손으로 잡으면 저항을 하면서도, 불빛에는 저항하지 못하고 끌려오게 된다.

거기에는 어떤 자유도 없다.

물고기는 위로도 아래로도 왼쪽으로도 오른쪽으로도 헤엄쳐 갈 수 있는 자유가 있는 것 같이 보이지만, 불빛이 비추면 그 불빛으로 헤엄쳐 간다.

그런 물고기들에게는 빛에 저항하여 다른 곳으로 헤엄쳐 갈 자유가 없는 것이다.

불빛은 자극이고, 벌레는 자극을 감지하고, 감지된 자극은 동기(動機)가 되어 행동을 일으킨다.

그 과정은 인간을 비롯한 모든 생물들에게 있어서 똑같다.

다만 인간의 경우에는 그 과정이 좀 더 복잡할 뿐이다.

살을 빼야 되는데, 배가 고프고, 눈앞에는 음식이 있다.

그럴 경우, 당장의 배고픔과 체중감량 중에서, 자신에게 더 이득이 되는 쪽으로 간다.

배고픔이 체중감량의 욕구보다 우세하면, 그 사람은 음식을 먹을 것이다.

반대로, 체중감량의 욕구가 더 우세하면, 그 사람은 음식을 먹지 않을 것이다.

자기 자신은 둘 중에 하나를 선택하는 것이라고 착각을 하지만, 사실은 선택을 하는 것이 아니다.

어느 쪽 동기가 더 강한가에 따라 행동이 결정되는 것뿐이다.

동기가 강한 쪽으로 가는 것이다.

선택이 아니다.

그리고, 동기가 강한 쪽이라는 것은, 언제나, 그 상황에서 자기 자신에게 더 이득이 되리라 생각되는 쪽이다.

한 가지 가정을 해 보자.

당신은 친구들과 만나 밤늦게까지 얘기를 나누다가 헤어졌다.

친구들은 돌아가 버렸고, 이제 당신은 한밤중에 길거리에 혼자서 있다.

언뜻 보면, 그 상황에서 당신에게 가능한 행동은 거의 무한할 정도로 많아 보인다.

당신은 집으로 돌아갈 수도 있고, 갑자기 바다에 헤엄치러 갈 수도 있고, 그 자리에 누워 잠을 잘 수도 있다.

뿐만 아니라, 술을 사러 갈 수도 있고, 누군가를 때려눕힐 수도 있고, 제자리를 빙글빙글 돌 수도 있다.

그러나, 당신은 몸이 하나이기 때문에, 동시에 집으로 돌아가면서 그 자리에 누워 잘 수는 없다.

당신은 그 중 단 한 가지 행동밖에는 할 수가 없다.

그 상황에서 자신에게 가장 이득이 될 것 같은 행동 한 가지밖에는 할 수가 없는 것이다.

그런데, 내가 만약 그때 당신 옆에서 "당신은 집으로 돌아갈 수밖에 없다"고 말한다면, 당신은 "아니다, 나는 지금부터 바다에 헤엄치러 갈 것이다"라고 대답하고는, 정말로 바다를 향해 갈지도 모른다.

그러나 그것은, 집에 돌아가고 싶은 욕구보다도, 마치 당신의 다음 행동을 알고 있다는 듯이 말하고 있는, 나를 이기고 싶은 욕구가 더 우세하기 때문에 나온 행동이다.

만약 나의 말이 당신에게 별다른 자극이 되지 않는다면, 당신은 나의 말 따위는 신경 쓰지 않고, 집으로 돌아가 버릴 것이다.

같은 자극에 대해 다르게 반응하는 것은, 자극을 받아들이는 사람의 성격이 다르기 때문일 뿐이다.

불빛을 향해 날아가는 벌레가 있는 반면 불빛으로부터 도망치는 벌레도 있고, 그것은 물고기의 경우도 마찬가지이다.

만약 당신이 남에게 지는 것을 싫어하는 성격을 갖고 있다면, 당신은 기어이 바다로 갈 것이다.

이기고 지는 것에 관심이 없다거나, 남의 말에 신경 쓰지 않는 성격을 갖고 있다면, 집으로 돌아갈 것이다.

성격에 비추어 어느 쪽 욕구가 더 우세한가, 어느 쪽 동기가 더 강한가, 그 당시 상황에서 어느 쪽이 자신에게 더 이득이 될 것인가 하는 것만이 문제이다.

당신은 선택을 하는 것이 아니다.

자극이 있고, 그 자극이 당신의 성격을 거쳐, 반응으로 나타나는 것뿐이다.

당신이 그때그때 선택해 왔다고 믿고 있는 모든 행동들이, 사실은 그렇게 이루어져 왔던 것이다.

복잡한 것으로 보이고 갈등으로 가득 찬 것으로 보이는 행동들이 사실은 전부, 자극에 대한 반응이었을 뿐인 것이다.

그러니, 경험이 많고 직관이 발달한 사람들은, '성격이 운명이다'라는 말을 했던 것이다.

사람은 같은 자극에 대해 같은 식으로 반응을 한다.

항상 자신에게 더 이득이 될 것이라 예상되는 쪽으로 반응한다.

사람 또한 그렇게밖에는 행동할 수가 없는 것이다.

같은 자극에 대한 반응이 바뀌는 것은, 그 사람이 다른 선택을 했기 때문이 아니라, 상황이 바뀌었기 때문인 것이다.

이를테면, 어떤 사람이 말싸움 끝에 화가 치밀어 상대방을 죽였다고 하자.

그 사람이 살인죄로 처벌을 받고 나왔는데, 다시 말싸움이 벌어졌다.

그 사람은 또 다시 상대방을 죽일 수도 있고, 이번에는 참을 수도 있다.

어떻게 될 것인가?

거기에는 두 가지 동기가 작용한다.

남을 죽이려는 욕구와 처벌을 피하려는 욕구, 즉 동기와 반대 동기.

그 때 그 사람의 행동을 결정하는 것은, 그 사람에게 더 이득이 되리라 예상되는 동기이지, 그 사람의 선택이 아니다.

만약 그 사람이 화를 참는다면, 그것은 처벌을 피하려는 동기가 더 우세했던 것이다.

이미 한 번 처벌을 받아 봤기 때문에, 겉보기에는 이전과 비슷하게 보여도, 실제로는 상황이 많이 변해 있었던 것이다.

형법(刑法)이라는 것은, 범죄를 저지를지 모르는 사람들에게 반대 동기를 미리 부과해 놓은 것이다.

그리고, 범죄에 따라 형량(刑量)이 달라지는 것은, 범죄를 억누르기 위한 반대 동기의 강도를 달리해 놓은 것이다.

당신의 과거를 회상해 보라.

다시 한 번 말하건대, 당신이 그때그때 선택해 왔다고 생각하는 모든 복잡한 행동들이, 당시 상황에서 당신에게 가장 이득이 되리라 예상되는 반응이었을 뿐인 것이다.

만약 예상이 어긋났다면, 다음번에는 더 이득이 될 것 같은, 다른 행동을 취했을 것이다.

결국 당신은, 자신에게 더 이득이 되리라 예상되는 쪽으로밖에는 행동할 수가 없는 것이다.

남한테 지는 것이 싫어서 기어이 바다로 갔다는 얘기에서도 말했지만, 손해 보는 행동을 하는 것처럼 보여도, 그 이면에는 언제나, 더 큰 이득이 숨어 있는 것이다.

항상 자신에게 가장 이득이 될 것 같은 쪽으로 행동할 수밖에 없는데, 선택이 어디 있겠는가?

모든 행동은 오직 자신에게 더 이득이 되리라 예상되는 행동이고, 우리는 그렇게밖에는 행동할 수가 없는 것이다.

오직, 이 세상과 모든 생명을 만든 신(神)만이 위대하고, 우리는 이 세상의 모든 벌레들과 더불어, 신이 만들어 놓은 꼭두각시에 불과한 것이다.

오직, 우리와 우리의 행동까지도 미리 만들어 놓은 신만이 위대하고, 우리는 신이 미리 조종해 놓은 꼭두각시에 불과한 것이다.

우리는 분명히 행동을 하지만, 그 모든 행동에는 자유가 없다.

우리에게는 애당초 그 어떤 자유도 없었던 것이다.

- 구앙뽀라의 묘비에, 정확히 뭐라고 씌어 있다고 했나?

'마침내 자유를 얻었노라'

그 늙은이의 얘기가 끝났을 때도, 여전히 도로는 복구되지 않았다.

언제 복구되리라는 말도 없었다.

죄수들이나 간수들이나 모두, 기다리는 것을 포기한 것처럼 보였다.

간혹 들려왔던 죄수들의 불평 소리도 더 이상 들려오지 않았다.

늙은이는 더 이상 말이 없었고, 나는 어두운 호송차 속에서 늙은이가 했던 얘기를 되짚어 보고 있었다.

늙은이의 얘기에 비추어, 과거에 내가 했던 행동들을 생각해 보고 있었다.

내가 잠에서 깨었을 때는, 호송차가 이미 달리고 있었다......

망령(亡靈)

1. 씨앗

나는 이렇게 들었다.

하나의 씨앗이, 두 개가 되고 네 개가 되기 위해, 우선 무엇을 하는가?

씨앗이, 가만히 있어서는, 두 개가 되고 네 개가 되고, 더 나아가 백 개, 천 개로 불어나거나 하지 않는다.

하나의 씨앗이, 둘, 넷, 수백, 수천으로 불어나기 위해 가장 먼저 하는 행동은, 몸을 만드는 것이다.

그 몸이, 나무다.

그 몸이, 인간이다.

그리고 그것이 바로, 너다.

너는 결코 너의 유전자를 만들지 않았다.

니가 언제, 어떻게, 너 자신의 유전자를 만들었는가?

오히려 유전자가, 너를 만든 것이다……

과자 공장에 있는 반죽 기계는 왜 돌아가는가?

과자를 만들어 팔아서, 돈을 벌기 위해?

맛있는 과자를 만드는 것이, 어렸을 적부터의 꿈이었기 때문에?

아니면, 달리 할 만한 일이 별로 없어서?

반죽 기계가 돌아가고 있는 모습을 보고 있어도, 그것이 왜 돌아가고 있는지, 그 이유는 알 수 없을지 모른다.

그러나, 비록 이유는 알 수 없다 해도, 그것이 무엇인지는 알 수 있다.

그것은, 반죽을 하는 기계인 것이다.

그와 마찬가지로, 인간을 포함한 생물이 왜 번식하고 있는지 그 이유는 알 수 없을지 몰라도, 생물이 무엇인지는 알 수 있다.

그것은, 유전자를 복제하는 기계인 것이다.

다만, 인간과 같은 생물은, 반죽 기계와는 작동방식이 약간 다르다.

기계와는 달리, 인간들 중에는, 출세해서 번식의 왕이 될 것이라고 소리치는 개체들도 존재하고, 유전자의 노예짓거리가 아주 지긋지긋하다고 중얼거리는 개체들도 존재한다.

왜냐하면, 인간의 뇌 속에는 보상과 처벌을 담당하는 기관이 실제로 존재해서, 번식에 이득이 되었다고 느끼면 쾌감을 주는 보상물질을 분비시키고, 번식에 해가 되었다고 느끼면 불쾌감을 주는 처벌물질을 분비시키기 때문이다.

이를테면, 돈, 음식, 크고 호화로운 집, 매력적인 이성 등은 번식자원이니까 보상물질을 분비시키고, 금전적 손실, 이성의 거절, 고독, 질병, 죽음 등은 번식의 실패를 의미하기 때문에 처벌물질을 분비시킨다.

게다가, 일반사회에서 널리 인정받는 방법으로 보상물질을 분비시키기 위해서는 재능, 노력, 행운까지 필요해서 보통 힘든 일이 아니기 때문에, 인간들은 곧잘 머릿속의 보상기관을 고의로 오용한다.

마약으로 일시에 엄청난 보상물질을 분비시키는 것이 효과는 가장 좋지만, 대개는 커다란 후환이 따르기 때문에, 술, 담배, 구경, 도박, 예술, 임신을 목적으로 하지 않는 성교 정도에 머물게 되는데, 뭐가 되었든 전부, 반죽 기계는 필요로 하지 않는 것들이다.

반죽 기계는, 인간과 같은 생물과는 달리, 막연한 불안감 때문에 문득 작동하는 일은 없다.

반죽 기계는, 공포감을 연료로 돌아가지도 않고, 굴욕감이나 수치심을 만회하기 위해 돌아가지도 않는다.

쾌감을 일으키는 보상물질의 마지막 한 방울까지 짜내려고, 불쾌감을 일으키는 처벌물질의 분비를 틀어막으려고...... 인간과 같은 생물은, 여로 모로, 참 수고가 많다.

2. 가죽 상인의 과거

쾌감은 누적되지 않는다.

비록 추억이 미화되어 보정되는 경향이 있기는 하지만, 쾌감은 대체로 누적되지 않는다.

만약, 과거에 느꼈던 쾌감들이 전부 누적되어왔다면, 지금쯤은 숨을 쉬기도 힘들 정도의 행복감에 겨워, 일상생활을 영위하기도 힘들 것이다.

쾌감은 누적되지 않는다……

불쾌감도, 원칙적으로는, 누적되지 않는다.

만약, 과거의 불쾌감이 고스란히 누적되어 여전히 생생하게 느껴진다면, 너무나 고통스러워, 매일매일을 살아가기 힘들 것이다.

불쾌감도, 쾌감과 마찬가지로, 원칙적으로는 누적되지 않는다.

불쾌감도, 쾌감과 마찬가지로, 대부분 망각된다.

그러나 현실에는 불쾌한 일들이 너무나 많기 때문에, 자연스러운 망각만 가지고는, 도저히 감당이 안 된다.

그래서, 뇌 속에 실제로 존재하는 보상기관은, 번식 기계가 딱히 번식에 이득이 될 만한 행동을 하지 않더라도, 매일매일 보상물질을 조금씩이나마 정기적으로 분비시킨다.

그 공짜 보상물질은, 참고 기다리다 보면 언젠가는 좋은 일이 생길 것만 같은, 밑도 끝도 없는 기분을 만들어 주며, 불쾌해하는 기계를 살살 달래는 것이다.

불쾌감을 공짜 쾌감으로라도 상쇄시키지 않으면, 기계는 균형을 잃고 오작동을 하거나, 아예 고장 나 버릴 수가 있기 때문이다.

그런데, 현실이 예상보다도 더 불쾌한 경우는 얼마든지 있기 때문에, 시간이 해결해 준다는 식으로 불쾌감을 자연스럽게 망각하고, 불쾌감을 정기적인 공짜 쾌감으로 상쇄시키는 것만 가지고는, 충분하지 않다.

살살 달래 봐도 안 되면, 되려, 처벌을 가한다.

자신의 죽음을 떠올릴 때마다, 자신이 죽어서 완전히 무(無)로 돌아가, 앞으로 영원히 다시는 이 세상을 볼 수 없게 된다고 생각할 때마다 분비되는 처벌물질의 불쾌감은, 조금 전까지 웃고 있던 사람도 금세 공황에 빠져 사색(死色)이 되어 버릴 정도로 강력해서, 선불리 까불지 못하게 만든다.

살면 살수록, 혐오와 경멸만 쌓여간다고?

그래서 니가 어쩔 건데?

어쩔 거냐면...... 음악을 들으면서 몽상을 하고, 책을 읽으면서 공상에 빠지고, 잠을 자면서 꿈을 꾸면 된다.

현실은 대체로 매우 불쾌하기 때문에, 현실이 아닌 곳으로 도피하면 된다.

불쾌감을, 가능한 한, 쾌감으로 상쇄시키면 된다.

최소한, 나는 그렇게 살아왔다.

그러나 수십 년을 그렇게, 불안정한 저울처럼 쾌감과 불쾌감 사이를 왔다 갔다 하다 보면, 어느 날엔가는, 이제 피곤하고 지긋지긋하니까 제발 그만 좀 하라고 절규하고 싶어지고, 자신이 끊임없이 보상과 처벌을 받아야 하는, 마치 노예와 같은 존재라는, 그 사실 자체가 새로운 불쾌감의 원인이 된다.

자기 자신과 자기 존재마저 혐오와 경멸의 대상이 되고, 혐오감과 경멸감이 점점 더 쌓여가는 것이다.

불쾌감도, 원칙적으로는, 누적되지 않는다.

그렇지만, 실제로는?

'이 좋은 세상에서'가 더 많을까?

'죽지 못해서'가 더 많을까?

태어나서 20살까지, 딱 20년간만을 인생이라고 주장한다면, 동의하는 사람이 거의 없을 것이다.

인생이라고 하면, 무릇, 태어나서부터 죽을 때까지의 기간 전체를 전제로 한다.

그 동안, 잔치가 더 많을까?

아니면, 고문이 더 많을까?

3. 첫 번째 꿈

나는 이렇게 들었다.

재미를 의도적으로 반복하면 취미가 되고, 취미에 체계를 세우면 도락(道樂)이 된다.

그런데, 체계는 왜 세우는가?

재미를, 여러 측면에서, 남김없이, 최대한 짜내기 위해.

꿈 꾸는 것을 취미라고 부르는 사람은 없겠지만, 체계를 세우게 되면, 얘기는 달라질 것이다.

꿈을 기록하고, 분류하고, 분석하고, 반추한다면, 꿈을 꾸는 것도, 도락이 될 수 있다......

30대 후반에, 한창 장사가 잘 돼서 매일매일 바쁘게 열심히 일하고 있었던 시절에, 이런 꿈을 꾸었다.

한밤중에, 아주 완만한 언덕길을 걸어 오르다가, 언덕 위의 평지에 다다라서 발걸음을 멈추었다.

왕복 2차선 도로였지만, 차선 양옆으로는 차를 대각선으로 주차할 수 있을 정도의 주차공간이 있었고, 그 양옆으로 보도가 나 있었고, 나는 그 도로의 오른쪽 보도 위를 걷고 있었다.

도로 양측의 건물들은 전부, 크기와 모양이 비슷한 단층 건물들이었는데, 한밤중이어서 잘 보이지는 않았지만, 아마도 전부 가게가 들어 있는, 가게 건물들이 아니었나 싶었다.

나는, 불이 꺼져 있는 한 가게 건물의 문을 열쇠로 열고 들어가서, 불을 켰다.

그런데, 건물 안에는 아무것도 없었다.

건물이 비어 있었기 때문에, 그것이 가게인지, 아니면 빈 창고인지, 알 수가 없었다.

가게인지 창고인지 알 수 없는 공간의 더 안쪽에 문이 있었기 때문에, 그 문을 열고 들어가서 불을 켜 보았다.

역시 빈 공간이었다.

안쪽에는 또 문이 있었지만, 문 옆에 커다란 창문이 나 있어서 그 너머에 바깥이 보였기 때문에, 문을 열고 나가 볼 필요는 없었다.

창문 너머에는, 비록 어두워서 잘 보이지는 않았지만, 제법 넓은 뒤뜰이 있었다.

키 큰 나무도 몇 그루 보였고, 관목도 군데군데 보였고, 풀도 보였다.

나는 되돌아와서, 건물 입구에서, 도로 쪽을 내다보았다.

멀리에 불이 켜져 있는 건물도 있기는 했지만, 한밤중이어서 그랬는지 대부분의 건물들은 불이 꺼져 있었고, 도로를 지나가는 차는 한 대도 없었고, 조용했다.

꿈속에서 나는, 도로 양측에 늘어서 있는 단층 건물들이 모두 비슷한 구조로 되어 있을 것이라는 짐작을 했다.

그대로 잠시 더 도로 풍경을 바라보다가, 꿈에서 깼다......

꿈의 배경은, 의심의 여지가 없이, 분명했다.

그곳은, 우살마이 산악지방의 풍경과는 전혀 다른, 전형적인 오루혼 지방의 풍경이었다.

살면서 오루혼에 가 보았던 것은, 의무학교 졸업여행 때 딱 한 번뿐이었기 때문에, 20년 전에 저장되었던 기억이 꿈에 나왔던 것이었다.

꿈이란 대체로 그런 것이기 때문에, 그것은 별로 이상할 것이 없는 꿈이었다.

근래에 어떤 일이 그런 꿈을 촉발시켰을까 하고, 습관적으로 생각해 봤겠지만, 단서는 없었다.

아주 낮은 구릉들이 한없이 이어지는 오루혼 시(市) 지역의 분위기만 강렬했을 뿐, 몇 년 후에 두 번째 꿈을 꾸기 전까지는, 별 다른 의미를 발견할 수 없는 꿈이었다.

당시에는 습관적으로, 며칠에 걸쳐 몇 번이고 다시 반추했겠지만, 시간이 흐르면서 결국 잊게 되었다.

4. 두 번째 꿈

첫 번째 꿈으로부터 몇 년 후, 40대 초반에, 장사는 여전히 잘 되어서 바빴지만, 가죽 매매에는 이미 이골이 나 있어서, 아무리 바빠도 마음 한구석에는 언제나 여유가 있었던 시절에, 똑같은 배경의 꿈을 꾸었다......

한밤중이었던 것도 첫 번째 꿈과 같았지만, 내용은 조금 달랐다.

두 번째 꿈은 건물 입구를 들어선 곳에서 시작되었고, 불은 이미 켜져 있었고, 안은 고철더미로 가득 차 있었다.

건물 안으로 들어갈 때 고철더미에서 삐져나와 있던 고철 조각들을 한쪽으로 밀어 놓는 바람에 양손에 잔뜩 묻은 먼지와 기름때를 세면대에서 씻어 냈다.

그러니까, 왼쪽 벽에는, 첫 번째 꿈에서는 존재하지 않았던, 세면대와 거울이 있었던 것이다.

세면대 앞에 붙어 있던 거울이 너무 낮게 붙어 있었기 때문에, 먼지 묻은 손과 팔꿈치까지는 보였지만, 얼굴은 보이지가 않았다.

얼굴이 보이지 않아서 더 이상 볼 것이 없었기 때문이었는지, 손을 씻는 동안, 왼쪽으로 고개를 돌려, 건물 바깥을 살펴보았다.

바깥의 도로 풍경을 보아도 몇 년 전에 꿈에서 보았던 그 장소가 확실하다는 생각을 하다가 꿈에서 깨어났다......

짧았지만, 충분히 재미있는 꿈이었다.

왜냐하면, 꿈에 두 번 나왔던 곳은, 세 번이고 네 번이고, 계속 나온다는 사실을 경험상 알고 있었기 때문이었다.

말하자면, 새로운 놀이터를 발견한 것 같은 재미랄까, 수집품이 하나 더 늘어난 것 같은 재미랄까...... 산악지역과는 전혀 다른 온화한 구릉지도 좋았고, 온화한 밤도 좋았다.

다만, 분석의 초점은 벗어나 있었다.

고철더미에 있던 고철들이 어떤 고철이었는지, 생각해 보지도 않았다.

세 번째 꿈을 꿀 때까지는, 고철에 관해서 아예 잊고 있었다.

5. 시한폭탄

내가 태어나기 몇 년 전에 수력발전소가 완공되었고, 그 때문에 거대한 인공호(人工湖)가 만들어졌고, 호수에 수몰될 예정이었던 마을 주민들이 토오야로 이주해왔기 때문에, 인구 수백 명에 불과했던 사냥꾼 마을은 결국, 인구 4만 3천의 도시가 되었다.

다섯 줄기의 산줄기가 얽혀 있는 곳에 자리 잡고 있었던 것이 행운이었다.

수몰을 교묘하게 피했을 뿐만 아니라, 갑자기 교통의 요지가 되었고, 장대한 수력발전소와 산속의 광대한 인공호 때문에, 토오야와 인근 지역은 손쉽게 관광명소가 되어갔다.

게다가, 우살마이 지방에서 산출되는 가죽들은 자연스럽게 점점 더 많이 토오야에 모이게 되었고, 나는 의무학교를 졸업하자마자 가죽 상인이 되었다......

어떤 일이든 대체로 비슷할 것이라 짐작이 되지만, 10년 하면 뭐가 뭔지 다 알게 되고, 20년 하면 도가 트이고, 30년 하면 아무 생각도 없게 된다.

40년 하면 어떻게 될지, 나는 모른다......

그렇게 시간이 흐르던 중, 어느 날부터, 좀 무거운 물건을 들면 머릿속이 움찔움찔하고 뜨끔 하는 증상이 없어지지 않고 반복되길래, 병원에서 검사를 해 본 결과, 증상과는 무관한 다른 것이 발견되었다.

뇌의 혈관에 작은 혹이 있는데, 그 혹에 또 다른 혹이 하나 더 생겨나 있다는 것이었다.

뇌동맥류라는 것이었는데, 당초에 내가 얘기했던 증상은 뇌동맥류와는 무관한 증상이고 원인은 아직 모르지만, 뭐가 되었든, 뇌동맥류보다 심각한 것은 아니라고 했다.

뇌동맥류가 터지게 되면 3분의 1은 급사하고, 나머지는 쓰러져 일어나지 못하게 되니, 머릿속에 시한폭탄을 지니고 다니는 것과 같다고......

치료를 하지 않고 방치할 경우, 터질 확률은 대략 반반.

수술을 해서, 두개골을 열고 혹을 찾아 혈액이 들어가지 못하게 집어서 묶어 놓으면 평생 터질 일이 없지만, 수술 중 사망하는 경우를 포함하여 후유증이 생길 확률이 20명 중 1명 정도.

거기에 더해, 수술은 그 어떤 수술이라도 어느 정도는 위험성이 있다는 사실.

잘 생각해 보고 결정을 하라는 말에, 나는 잘 생각해 보기 시작했다.

마잔이 토오야로 되돌아왔다는 소식을 들었지만, 나는 매일의 일과와 수술에 관한 생각 때문에, 마잔의 일에까지 신경을 쓸 겨를이 없었다.

의무학교 친구들 중에서 토오야를 떠났다가 되돌아온 사람이 한두 명 있었던 것도 아니었고, 인구 4만 3천 정도의 도시라면, 어차피 시내에서 언젠가는 마주치게 될 것이라는 사실을, 경험상 잘 알고 있었기 때문에, 나는 더 이상 신경 쓰지 않았다.

언젠가 마주치게 되면, 어떻게 할까?

뭐라고 말을 할까?

그런 것까지는, 생각해 보지도 않았다......

6. 잘 했어

마잔이 되돌아왔다는 소식을 듣고, 열흘쯤 지났을 때, 두 번째 소식을 들었다.

마잔이 호수에 투신해 자살했다는 것이었다.

호숫가 흙 위에 나뭇가지로 마지막 말을 써 놓고, 옆에는 옷이며 신발을 다 벗어 놓고, 물속으로 들어갔다고 했다.

'잘 했어, 이제 해방이야'

그 얘기를 듣고, 나는 아무 말도 하지 않았다.

슬프지도 않았다.

더 이상 아무것도 생각하고 싶지가 않았다......

7. 이제 해방이야

마잔이 죽었다는 소식을 듣고부터 내가 일을 그만두었을 때까지, 닷새나 엿새밖에 걸리지 않았을 것이다.

병원에서 검사를 해 본 결과 뇌동맥류가 발견되었는데, 실외에서 활동을 하면 터져서 즉사하기 때문에, 더 이상 일을 할 수가 없게 되었다고, 나는 마치 뭔가에 홀린 듯이 거짓말을 하고, 하던 일을 억지로 정리해 버렸다.

누가 뭐라고 말을 하든, 누가 뭐라고 생각을 하든, 그런 것에 일일이 상대할 마음이 없었고, 그저, 빨리 끝내고 싶은 마음뿐이었다.

이미, 수술을 할 마음도 없었다.

머리가 터지든 말든, 그런 것에 관여하고 싶은 마음이 없었다.

'잘 했어, 이제 해방이야'

8. 단자비 마잔

자고 싶은 만큼 실컷 자고 꿈을 꾸다가 깨어나면, 호숫가에 가서 마잔의 망령하고 놀다가, 집에 돌아오면, 음악을 들으면서 책을 읽다가, 다시 잠에 들었다......

하던 일을 모두 정리하고 나왔던 날, 나는 마잔이 투신했다는 장소에 들러 보았다.

그때쯤에는 당연히, 신발이며 옷가지며 땅에 써 놓았다는 마지막 말 같은 것들은 남아 있을 리가 없었고, 거기에서 누군가가 투신했다는 흔적도 느낌도 없었다.

광대한 호수와 장대한 제방과 거대한 수문들이 보였고, 관광명소가 될 정도니까, 풍경은 나름 멋졌다.

토오야의 진짜 운치는, 사실은 호수 주변에 있는 것이 아니라, 호수로 흘러드는 무수한 시냇물들이 지나가는 각양각색의 골짜기들에 있지만, 호숫가도 나쁘지 않다는 생각이 들었다.

그래서, 하루에 한 번은 집에서 나와, 시냇물이 흐르는 소리를 들으며 골짜기를 따라 내려가, 마잔이 투신했던 호숫가에 가서 멍하게 앉아 있다가 되돌아오는 것이, 새로운 습관이 되었다.

집으로 돌아오는 길에는, 시내의 식당에 들러 식사를 하고, 서점에 들러 책을 구경하다가 이따금씩 한두 권 사고, 음반 가게에 들러 음반을 구경하다가 이따금씩 한두 장 사고, 마지막으로 식료품점에 들러 이것저것 사 왔다.

그것을 매일매일 반복하다 보면, 강제로 노인이 된 것 같은 기분이 들었지만, 그래도 대만족이었다.

이미 지나가 버린 미래를 떠올릴 때마다, 더 이상 노역은 못한다고 혼자 연신 중얼거리면서, 나는 그렇게 살았고, 그것으로 대만족이었다.

그리고 마잔은……

마잔은, 생각하면 생각할수록, 나한테는 참 대단한 인물이었다.

마잔은 나의 첫사랑이었고, 어쩌다 보니, 마지막 사랑까지 되어 버렸다.

첫사랑이라고는 하지만, 워낙 의무학교에 다니던 시절부터의 얘기라, 거기에는 애정만이 있었던 것은 아니다.

애정 못지않게, 경멸도 많았다.

큰 키에 이마는 짱구였고...... 웃으면, 두 눈은 마치 초승달을 엎어 놓은 것처럼 둥글게 찌그러져 눈동자가 보이지 않게 되고, 웃을 때마다, 윗입술의 입망울 때문에, 입모양은 초승달을...... 이번에는, 뒤집어 놓은 것처럼 보였다.

미워 보이다가도, 웃는 얼굴을 보면 힘이 탁 빠져 버리고는 했는데, 웃는 얼굴이 예뻐 보였기 때문이 아니라, 그냥 힘만 빠져 버리는 것이었다.

다정다감한 것까지는 좋았지만, 무슨 눈물이 그리도 많은지, 정말 그런 것도 우는 이유가 되냐고 묻고 싶어질 정도였다.

그러면서도 장난을 치면 심하게 쳐서, 키가 크고 골격이 큰 것까지 더해져, 난폭해 보일 지경이었다.

열여섯 살쯤 되었을 때는, 제법 여자 티가 나면서 조금은 조용해졌지만, 그래도 여전히 별 생각을 하는 것 같지는 않았다.

생각 자체를 잘 안 하니, 고민 따위가 있을 것 같지도 않았다.

한 살 위의 언니랑 함께 학교를 다녔기 때문에, 같이 있는 모습을 자주 볼 수밖에 없었는데...... 단자비...... 수매긴이었던가?

수매긴은, 눈매도 서글서글하고 말투도 조용조용하고, 항상 옅은 웃음으로 감정을 가리고 있어서 별로 거슬릴 일이 없었는데, 마잔은 자주 거슬렸다.

어쩌면, 자꾸 거슬리니까, 마음이 더 쓰였던 것이었는지도 모른다.

문제도 없고 거슬리는 것도 없으면, 매력도 못 느끼는 법이니까……

의무학교 마지막 학년 때, 졸업여행으로, 오루혼에 갔었다.

의무학교 학생들에게 편도만 열흘 이상 걸리는 여행은 대장정이었지만, 우살마이 지방 사람들이 오루혼 지방까지 간다는 것은, 대개는 일생에 한 번도 생기지 않는 일이기 때문에, 졸업여행으로 갈 만한 가치는 있었다.

그런데, 여행을 갔다 온 다음부터 마잔은, 졸업을 하면 오루혼으로 가겠다고 떠벌리고 다녔다.

오루혼의 뭐가 얼마나 좋았다 할지라도, 실제로나 심적으로나 너무 먼 곳이었기 때문에, 졸업하고 오루혼으로 가겠다고 설치는 사람은 아무도 없었다.

오직 마잔만이 그러고 다녔는데, 그 말을 진지하게 받아들이는 사람도 없었다.

여행은 종종, 번식에 더 유리할 것 같은 장소를 보여 주기도 한다.

굳이 뭔가가 더 유리할 것 같지는 않다 하더라도, 여행은 번식 장소를 한 군데 더 보여 주고, 한 군데를 더 보여 주고, 계속해서 또 한 군데를 더 보여 준다.

자신의 삶이 있는 장소에서 멀리 떨어진, 색다른 장소에서 가능한 또 다른 삶들을 구경하는 것은, 자신의 삶에 더해, 또 하나의 삶을 더 꿈꿀 수 있게 해 주고, 다시 또 하나의 삶을 더해 준다.

더 많은 번식 장소에서 더 많은 번식 가능성을 보는 것, 즉 여행은, 새로운 흥분과 즐거움을 주는 행위이고, 머릿속의 보상기관으로부터 보상을 받을 만한 행위인 것이다.

그렇지만, 아무리 그렇다 해도, 굳이 오루혼까지 가는 이유는 뭔데?

도대체 거기의 뭐가 그리도 좋았길래, 굳이 거기까지 가겠다고 하는 건데?

짐작조차 할 수가 없었기 때문에, 나 또한 마잔의 말을 진지하게 받아들이거나 하지 않았다.

'마잔이니까 그러는 거겠지'

'저러다가 말겠지'

그런데 마잔은, 의무학교를 졸업하고 얼마 지나지 않아, 정말로 오루혼으로 떠났다……

토오야에서 의무학교를 졸업한 사람들 4명 중 3명은 토오야를 떠나 대도시로 간다.

주로 일자리 때문에 그렇지만, 일자리가 있든 없든, 4명 중 3명은 여기에 남아 있으려 하지 않는다.

4명 중 1명만이 토오야에 남는데, 그것은, 떠났다가 되돌아온 사람들까지 합친 수이다.

마잔의 언니 수매긴도 토오야를 떠났고, 돌아오지 않았다.

그러니 여기에서는, 의무학교를 졸업하면 자기 인생을 찾아 떠나는 것이, 당연한 것이다.

그리고 토오야를 떠난다고 하는 것은, 거의 전부, 인근 대도시인 차이간이나 혹은 그 인근으로 간다는 것을 의미한다.

우살마이 지방이라고는 하지만, 토오야는 산지의 입구이기 때문에 고향이라는 의식이 희박하고, 그래서 이를테면 차이간 같은 대도시에 살면, 고향을 떠나왔다는 생각을 잘 하지 않는다.

바로 위 가까이에 있으니까, 심적으로 여기나 거기나 별로 다를 것이 없고, 그래서 딱히 귀향을 한다는 감각이 생기지 않는 것이다.

그렇지만 어쨌든 마잔은 떠나 버렸으니, 더 이상 뭔가를 따지는 것은 의미가 없었다.

어쨌든 마잔은 떠났고, 마잔은 그때 내 인생에서 그렇게 사라져 버렸었다.

그리고는 30년 만에 나타나더니, 기어이 다시 머릿속을 채워 버리고...... 정말, 대단하다고 하지 않을 수가 없다.

첫사랑이자 마지막 사랑......

사실은, 첫사랑뿐만 아니라, 사랑이란 다 똑같다.

체내에 내분비액이 왕성하게 분비되는 한, 언제든지 사랑에 빠질 준비가 되어 있기 때문에, 이제 형상만 빌려 오면 된다.

마음에 드는 형상이 눈앞에 나타나면, 그 형상과 자신의 내분비액이 만들어 낸 환상을 순식간에 섞어서, 사랑을 빚어낸다.

그 사람이 어떤 사람인지 알지도 못하는 상태에서 자신이 만들어 낸 환상을 사랑하는 것이기 때문에, 그 사람이 어떤 사람인지 결국 알게 되면, 환멸에 빠진다.

사람이란 대체로 존경이나 혐오의 대상이 될 수는 있을지언정 도저히 사랑의 대상이 될 수는 없는 법이라, 그 사람이 어떤 사람인지 완전히 안다면 처음부터 사랑에 빠질 수가 없기 때문에, 어쩔 수가 없다.

어쩔 수 없이, 자신의 내분비액이 만들어 낸 설레는 환상에다가 남의 형상만을 입혀서 사랑할 수밖에 없는 것이다.

내분비액이 거의 분비되지 않는, 너무 어린 아이들이나 너무 늙은 노인들은, 사랑에 빠지지 않는다.

그래서 사랑은 다 똑같다.

첫사랑만 특별하다고 착각하는 것도 똑같고, 자기가 경험하는 사랑만은 특별하다고 착각하는 것까지도 똑같다.

여섯 번째 사랑?

기억도 안 난다.

열두 번째 사랑?

있었는지도 모르겠다.

그렇지만 마잔은 정말 대단했다.

첫사랑이든 마지막 사랑이든, 사랑 나부랭이가 대단했던 것이 아니라, 그냥, 마잔이 대단했던 것이다.

9. 반란

비록 뇌동맥류는 아닐지라도, 수십 년간 열심히 일한 대가는 반드시 노쇠다.

사랑의 결과는, 온갖 추태들이다.

그런 식으로라면, 인생의 결과는 죽음이다.

그 사이에 유전자는 얼마나 자기 복제에 성공했는지 모르지만, 그 사이에 개체는 실컷 혹사당하다가 결국 폐기된다.

유전자는 어떤지 모르지만, 마잔이나 나 같은 개체들은, 노예로 고통받다가, 결국은 버림받고 끝나는 것이다......

음식을 먹지 않으면 신체를 유지할 수가 없고, 일단 신체부터 유지하지 못하면, 번식이고 뭐고 아무것도 없다.

그래서 유전자는, 영양분이 한 동안 체내로 들어오지 않으면, 처벌물질을 분비시켜, 배고픔을 일으키도록 몸을 만들어 놓았다.

만약, 그래도 영양분이 들어오지 않으면, 처벌물질을 더 분비시켜, 배고픔에 더해 불쾌감까지 일으킨다.

영양분을 정기적으로 공급하지 못했다는 이유로, 속을 뒤틀어 고통을 가함으로써, 노예를 처벌하는 것이다.

신체에 부상을 당하면, 역시 그 자리에 통증을 가하면서, 경고한다.

상처를 보기만 해도, 처벌물질을 분비시켜, 불쾌감을 일으킨다.

'고통을 피하고 싶으면, 그런 부상을 입을 상황에, 다시는 신체를 처하게 하지 마라'

신체가 망가지면, 번식이고 뭐고 아무것도 없다.

그러면서도 한편으로는, 바깥이 아무리 덥거나 추워도, 그리고 몸이 아무리 피곤해도, '굶어 죽기 싫으면 나가서 일을 해야지, 안 그래?' 하면서, 채찍질을 해댄다.

그러면서 또 한편으로는, 저쪽에 앉아 있는 이성이 번식자원으로서 얼마만큼의 가치가 있는지 잘 살펴보라고 명령한다.

일이 잘 되면 엄청난 보상물질을 분비시킬 것이라고 암시라도 하는 듯이, 그 이성이 일단 조금이라도 매력적으로 보이기만 해도, 미리 약간의 보상물질을 분비시킨다.

유전자는 웃지 못하지만, 그럼에도 불구하고 비웃음소리가 들려오는 듯하다……

조금이라도 손해를 볼까 봐 전전긍긍하는 모습을 보면서, 쾌락의 마지막 한 방울까지 쥐어짜내려 하는 모습을 보면서, 그리고 그것을 인생이라고 부르는 것을 보면서, 나는 그 모든 것을 부정하고 싶어졌고, 그래서 나는, 유전자의 명령을 의도적으로 거부하기로 했다.

'노예짓거리라면 이제 지긋지긋하다'

'50년 가까이나 노예짓을 했으면 됐지, 뭘 더 해야 하나'

'다시 태어나라고 하면, 단호히 거절하겠다'

'기왕에 살아온 것도 무르고 싶은데, 도대체 뭘 더 하려고, 그런 짓을 되풀이할까'

'내 인생 아닌, 다른 그 어떤 인생이라도, 전혀 살아 보고 싶지 않다'

나는, 먹고 살려고 하는 일을 그만두기로 마음먹었고, 신체를 유지하려고 발버둥치는 수술 따위 무시하기로 마음먹었다.

마잔의 망령이 긍정해 주었고, 나는 나의 유전자에 대해, 반란을 획책하고 실행했다……

그런데, 갈수록 뭔가 이상했다.

유전자에 반란을 일으키고, 그 결과로서 어떤 일이 닥쳐와도, 대가를 치르면 된다고 생각했었다.

그런데 그 결과가, 사리에 맞지 않을 정도로, 지나치게 좋은 것 같았다.

좋아도, 너무 좋았다.

10. 세 번째 꿈

꿈이 시작되자마자 보였던 장면은, 가게 건물의 전면이 뻥 뚫려 있는 모습이었다.

벽도 없고, 창도 없고, 문도 없고, 바깥의 도로와 건너편의 건물들이 그대로 보이고 있었다.

나는 그게 도대체 어떻게 된 일인지 의아하게 생각하면서, 가게 안에서 밖으로 나오면서, 유심히 살펴보았다.

가게 앞의 풍경은, 전에 보았던 것과 다를 것이 없어 보였다.

역시 한밤중이었고, 도로 가장자리에는 차들이 대각선으로 주차되어 있었고, 도로 위를 다니는 차는 한 대도 없었다.

도로 양옆으로 늘어서 있는 건물들은 대부분 불이 꺼져 있었는데, 건너편 저 아래쪽에, 불이 켜져 있는 건물이 하나 눈에 들어왔다.

이유는 알 수 없었지만, 나는 그 건물까지 걸어갔다.

밖에서 보아도 식료품점임을 쉽게 알 수 있는 가게 하나가, 불을 켜고 문을 열고 있었다.

역시 이유는 알 수 없었지만, 나는 그 식료품점으로 들어갔다.

계산대 앞에 마잔이 앉아 있었다.

마잔은 나를 보자마자, 금전출납기가 고장 난 것 같다고 투덜댔다.

나는 금전출납기에 다가가서, 어디가 어떻게 고장 났는지 살펴보기 시작했다.

마잔이 뭐라고 또 투덜대는 것을 보고, 나는 말했다.

"잠깐만 기다려 봐"

마잔이 궁시렁거렸다.

"가만히 좀 있어 봐"

"넌 어떻게, 잠깐도 못 기다리냐"

"또 울어?"

마잔은 열여덟 살 때 모습이었고, 우리는 30년 전에 했던 행동들을 되풀이했다……

나는 잠에서 깨어나서도 한참 동안 그 자리에 앉아서 꿈의 내용을 곱씹어 보다가, 문득 반란이 실패했음을 깨달았다.

이번에는, 건물 안에 고철도 쌓여 있지 않았고, 세면대도 보이지 않았다.

그렇지만, 마잔이 꿈에 나타나서 그랬는지, 나는 그 고철더미가 무엇이었는지 그제야 알 수 있을 것 같았다.

몇 년 전 꿈에 나타났던 고철은, 자동차 부품들이었던 것 같았다.

나는, 고철더미에서 삐져나와 있어서 한쪽으로 치웠던 것이 자동차의 완충장치였다는 사실을 기억해 냈다.

기다란 완충장치를 치우느라, 밀고 당기고 했던 바람에 손에 기름때가 묻어서, 세면대에서 손을 씻었던 것이다.

그 사실을 기억해 내고 보니, 아주 오래된 기억들이 연이어 떠올랐다.

그 옛날에 마잔이 오루혼으로 갈 것이라고 떠벌리며 설치고 있었을 때, 나는, 만약 내가 오루혼으로 간다면 거기서 무엇을 할 수 있을까 하고 생각해 본 적이 있었다.

흥미도 있고, 게다가 손재주가 좀 있으니까, 자동차 개조 공장 같은 것을 하면 괜찮을 것 같다는 생각을, 한 동안 하고는 했었다.

나는 마잔을 따라가고 싶었던 것이다......

가죽 상인으로 수십 년을 보내고도, 오루혼까지 가서 자동차 개조공이 되는 그 옛날의 꿈이, 아직도 머릿속 어딘가에 남아, 여전히 되살아나는 것이었다.

유전자의 명령을 거부하겠다는 나의 의지와는 상관없이, 나는 여전히 그런 짓을 하고 있었다.

꿈이란, 그 어떤 꿈이라 하여도, 삶의 향연이다.

심지어 악몽이라 하여도, 그것은 마찬가지이다.

악몽 속이라 하여도, 살려고 하는, 온갖 행동들이 넘쳐나기 때문이다.

현실이 싫다고 환상으로 도망치는 것까지도 좋다.

유전자의 명령을 거부하겠다고, 환상으로 도망치는 것까지도 좋다.

그러나 환상도 여전히, 엄연한 삶이다.

현실은 대부분 내가 원하지 않는 삶이고, 환상은 대부분 내가 원하는 삶이라는 차이만 있을 뿐, 환상도 삶이라는 사실에는 변함이 없다.

그리고, 삶이 전부 유전자의 노예짓이라는 사실에도 변함은 없다.

나는, 유전자의 노예가 싫어서 도망쳐 간다고 믿었던 꿈속에서도, 여전히 그렇게도, 유전자의 노예였던 것이다.

11. 가까운 나무 열매

나는 이렇게 들었다.

낸지 가죽이 왜 그렇게도 희귀하냐면, 이 낸지라는 짐승은 어찌나 게으른지, 가까운 주변에 나무 열매가 없으면, 그냥 굶어 죽어 버리기 때문이다.

불과 2오아 거리에 나무 열매가 있다는 사실을 알고 있어도, 차라리 굶어 죽고 만다.

하긴, 산중(山中)에서 2오아 거리면, 1시간 가까이 걸어야 하는 거리인데, 낸지가, 더 살아서 도대체 무슨 부귀영화를 보겠다고, 거기까지 가겠는가.

사냥꾼들에게 그 얘기를 들었을 때는 웃고 말았지만, 나태의 쾌락이란 것이 얼마나 큰 것인지, 직접 경험해 보고 나니, 이해할 수 있을 것 같았다.

'노력이 들어가는 것은, 일체 안 된다'

'날로 먹을 수 있는 것이 아니면, 아예 손대지 않는다'

'노력은 곧 손해이다'

'그런데 손해는, 아무리 사소하다 해도 불쾌감을 일으키는 것이기 때문에, 무조건 피해야 한다'

'고로, 노력은 안 된다'

악착같이 신체를 유지해서 최대한 번식을 해야 한다는 유전자의 명령을 무시하면, 얼마나 편하고 좋은지 모른다.

'나중 일이야 어떻게든 되겠지, 그걸 내가 왜 걱정해야 되나'

'왜, 내가, 그런 걸, 걱정해야 되나'

얼마나 좋은가.

해야 할 일을 안 한고 무시한다는 쾌감에 비하면, 걱정 따위의 불쾌감은 별것도 아닌 것이다.

다 포기하고, 음악이나 들으면서 책이나 읽다가 잠이나 자면, 도저히 그만 둘 수가 없을 정도로 편한 것이었다.

그러나, 오루혼의 꿈에 마잔이 나타나고부터, 모든 것이 의심스러워졌다.

나는 뭔가 잘못 생각하고 있는 것 같았다.

편한 것만은 사실이었다.

그렇지만, 이게 반란인가?

이거 가지고는, 충분하지 못했던 것 아닐까?

아니면, 아예 처음부터, 뭔가가 잘못되어 있었던 것은 아닐까?

자꾸 포기하라고 속삭이는 너는 누구냐?

희망을 끊어 버리라고 속삭이는 너는 누구냐?

절망하라고 속삭이는, 너는 도대체 누구냐?

그것은, 마잔의 망령이 아니었다......

12. 가축 상인의 현재

나태의 쾌락은, 마약과, 그 원리가 같다.

쓸데없는 데에 힘과 시간을 써서 손해를 보지 말고, 힘과 시간은 번식이라는 이득에만 쓰라고, 유전자는 명령한다.

성교를 제외한 노력은 사실상 전부 힘과 시간의 낭비이고, 어쩔 수 없어서 돌아가는 길이라고, 유전자는 암시한다.

다른 개체들보다 번식에 더 뛰어나 보이기 위해 출세하려 하고, 다른 개체들보다 번식에 더 유리해 보이기 위해 자신을 꾸미고, 번식자원을 모으기 위해 돈을 버는 것은, 전부 어쩔 수 없어서 돌아가는 길이라고, 유전자는 경고한다.

그렇게 효율이 떨어지는 일에 노력할 힘과 시간이 있으면, 차라리 성교를 위해 아끼고 비축해 두라고, 유전자는 권고한다.

힘을 들이지 않고, 애를 쓰지 않고, 시간을 들이지 않는다는 것은, 앞으로 다가올 수도 있는 번식에 그만큼은 손해를 보지 않왔기 때문에 처벌을 피하는 방법이고, 손해를 피한 만큼은 번식에 이득이었기 때문에, 쾌감이라는 보상을 받아야 할 일인 것이다.

그러므로 나태란, 마약이나 임신을 목적으로 하지 않는 성교와 마찬가지로 보상기관을 일부러 오용하는 것이기는 하지만, 처벌을 피하고 보상을 받으라는, 유전자의 명령에 충실한 행동인 것이다.

그러므로, 희망을 끊고 편해지라고 속삭이던 것도, 절망하라고 속삭이던 것도 나 자신이었고, 결국은 나의 유전자가 만들어 낸, 나 자신이었던 것이다.

그러니 나는, 꿈속에서도 유전자의 노예였을 뿐만 아니라, 현실에서도 여전히, 변함없이, 유전자의 노예였던 것이다.

반란?

웃기고 있네.

고작, 먹고 살기 위해 하던 노역을 이제 그만두었다고 해서, 노예에서 해방되는 것이 아니다.

생각하는 것조차 괴롭고 귀찮다는 이유로 치료를 팽개쳤다고 해서, 노예에서 해방되는 것도 아니다.

뭘 어떻게 해도, 살아서는 도망칠 방법이 없다.

나 아닌 그 어떤 위인이라 해도, 죽지 않고 나불거리는 한, 유전자의 명령에 따르는 노예일 뿐, 그 어떤 변명도, 그 어떤 정당화도 통하지 않는다.

못 죽으면, 노예다.

죽어야만 끝나는 것이다.

대신에, 뭘 어떻게 하든, 죽으면 끝난다.

자살은, 번식에 열악한 고통스러운 상황에서 도망치라는, 유전자의 명령에 충실한 행동이다.

그렇지만, 그 결과, 유전자의 노예에서 해방된다.

자살이 엄청나게 불쾌한 처벌을 피하기 위한 보상기관의 오용이라도, 어쨌든, 죽으면 해방된다.

심지어, 자신이 유전자의 노예라는 사실을 전혀 자각하지 못하고 평생 동안 충실한 노예로 살아온 사람이라 해도, 죽으면, 강제로 노예에서 해방된다.

'이 좋은 세상에서' 하면서, 영원한 노예를 자처하는 사람이라 해도, 죽으면, 그 좋은 노예짓을 계속할 수가 없으니 해방이라고 안 하고 버림받는다고 하겠지만, 어쨌든 해방된다.

결국, 죽지 않고는 유전자의 노예에서 벗어날 방법이 없고, 죽으면, 심지어 유전자의 명령에 따르다 보니 그 결과로 죽게 된다

해도, 유전자의 노예에서 벗어나게 된다……

보상이고 처벌이고, 이제는 그냥, 살아 있는 것 자체가 귀찮다.

똑같은 뻔한 짓거리들을 내일도 모레도 반복해야 된다고 생각하면, 이제, 뭔가를 한다는 것 자체가 싫다.

이제 다 싫고, 이제는, 좋은 것도 싫다.

그러니까 나는 지금 현재에도, 불쾌한 손해는 최대한 피하고 보상받을 만한 이득을 위해 최대한 힘을 아껴 두라는, 유전자의 명령에 충실히 따르고 있는, 충실한 노예라는 말이다……

그래서 니가 어쩔 건데?

오늘도 음악을 들으면서, 책 속의 글자들을 통해, 우주공간 속으로 모험을 떠날 것인가?

오늘도 번식의 꿈을 꿀 것인가?

마잔의 망령이 또 다시 나를 부른다……

"잠깐만 기다려 봐"

"넌 어떻게, 잠깐도 못 기다리냐"

13. 네 번째 꿈

마잔이 가게 문을 열고 들어왔다……

핑계

뱃머리에 신전(神殿)을 싣고

불의 노를 저어 오라

그러면 내가

순례의 길을 기록하리라

- <사불합굴>에서 -

설명이요?

아니에요.

구낙이 그렇게 말하던가요?

음...... 아니에요.

설명을 해 드릴 수는 없어요.

아는 대로 얘기해 드릴 수는 있어도, 그걸 설명할 능력은...... 나한테는 없어요.

구낙이 제정신이 아니라는 사실은, 수사관 나리도 동의하시죠?

만약 내가 제정신이라면, 미치광이의 미친 짓을, 내가 어떻게 설명하겠어요?

그런데 만약 나도 미치광이라면, 미치광이의 미친 짓을, 미치광이가 설명한다?

그건 도대체 뭐가 되겠어요?

그래서 설명은 불가능해요.

애당초 그...... 불타 죽었다는 그 사람......

네, 바도개.

그 사람은 제정신인 것 같아요?

수사관 나리도, 뭐 그리 젊어 보이지는 않은데, 아직도 사람을 보면 감이 안 오나요?

이렇게 합시다.

구낙하고 바도개는 원래 미치광이들이고, 수사관 나리는 직무에 충실한 건전한 사람이고, 나는, 교활하기는 하지만, 그래도 정신만큼은 제정신인 사람이다...... 어때요?

그러면 되겠죠?

네, 그럼, 아는 대로 얘기해 드리죠......

언제인가 구낙한테 전화가 와서, 자기가 아는 사람이 있는데, 나한테 상담을 좀 해 보고 싶다고 하더군요.

나야 신중한 사람이니까, 꼬치꼬치 캐물었죠.

도대체 어떤 사람이, 어떤 이유로, 뭐에 관해서, 하필이면 나한테 상담을 하고 싶어 하느냐고요.

구낙은 내 성격을 잘 아니까, 일일이 다 대답했어요.

40대 중반의 악사(樂士)가 있는데, 자기는 이성(理性)과 오성(悟性)의 구분에 관해서 명확하게 이해를 못했기 때문에, 자기 자신이 어떤 사람인지 아직까지도 명확하게 구분을 못했고, 그래서 오랫동안 궁금해왔고, 답답해왔다는 거예요.

수사관 나리도 '채사미나'는 알 거 아니에요.

네, 채사미나 온주각의 평전(評傳) 중에 <이나판이아리의 자궁(子宮)>이라는...... 뭐랄까, 아주 불친절한 책이 있는데, 채사미나가 직접 했던 말들이 변형 없이 고스란히 담겨 있어서, 악사들 사이에서는 교과서 같은 책이에요.

그런데, 거기에 이성하고 오성에 관한 얘기들이 이따금씩 나와요.

이성발달형의 사람이 이러쿵저러쿵, 오성발달형의 사람이 어쩌고저쩌고......

보통, 인간의 정신이라고 하면, 이성과 감성, 두 가지로 나누잖아요?

그렇지만, 보통 사람들이 이성이라고만 생각하는 것은, 사실은 이성하고 오성으로 구분해야 하는 것이거든요.

왜 구분하느냐면, 그 둘을 구분하지 않으면, 사람의 종류나 예술의 종류를 제대로 구분할 수가 없기 때문이죠.

예를 들어, 수사관 나리 본인은 어떤 것 같아요?

이성발달형의 사람인가요?

아니면, 오성발달형의 사람인가요?

그렇죠?

보통, 모르죠.

그리고 보통은, 그런 것을 생각해 본 적도 없죠.

기왕이니까, 내가 지금 대답해 드리죠.

수사관 나리는 전형적인 오성발달형이고, 그래서 예술을 한다면, 음악이나 미술 쪽이 맞고, 문예 쪽은 안 맞아요.

유명한 시(詩)라도 한 편 읽으면, 그래서 결국 어쨌다는 것이냐는 생각밖에 안 들 걸요?

그 대신, 음악은 들으면 알고, 미술은 보면 알고...... 초상화 한 장만을 보고 의심이 들어서 수사를 시작했을 정도니까, 눈썰미가 상당하죠.

네...... 직업 선택을 잘 하신 거예요.

수사관은, 오성발달형들이 많고, 오성발달형들이 대개 일을 더 잘 수행하죠.

그럼 이제, 그 악사라는 사람이 왜 상담을 해 보고 싶어 했는지, 짐작이 가시죠?

바로, 이런 얘기가 하고 싶었던 거죠.

찾아와서...... 지금 수사관 나리가 앉아 있는, 바로 그 자리에 앉아서 얘기를 하더라고요.

처음에 뭐라고 얘기를 했냐면......

자기가 25살 때 탓시무를 연주하면, 사람들이 말하기를, 주변에 무희들이 나타나서 춤을 추는 것 같다고 했대요.

그리고, 자기도 그렇게 느끼고 있었대요.

춤곡이니까 춤곡처럼 연주를 해야 된다고 생각했고, 마치 눈앞에서 무희가 춤을 추는 것 같은 기분이 들어야 한다고 생각해서 연주를 했는데, 역시 다른 악사들의 연주하고는, 뭔가가 달랐대요.

그래서 자기는 젊었을 적에, 춤곡 연주만큼은 자신이 있었는데, 언제부터인가 무희들은 나타나지 않았고, 그것도 이제는 오래된 얘기라는 거예요.

그런데, 그게 다, 이제 자기도 더 이상 젊지 않다는 얘기일 뿐인 것 같다고, 본인이 그렇게 말하더라고요.

노쇠가, 뭐 그리 어려운 얘기겠어요?

더군다나, 본인이 그렇게 생각한다는데, 무슨 얘기를 더 하겠어요.

그래서 그때까지 나는, 잠자코 얘기를 듣고만 있었죠.

그렇지만, 드디어 이제, 문제가 나올 차례죠.

그 사람 얘기로는, 이제 악사로서는 기대할 것이 없는 것 같으니까 다른 분야로 전향을 해 보고 싶은데, 자기한테 과연 가능성이 있을지가 궁금했대요.

그러더니, 종이 뭉치를 꺼내 놓더라고요.

여기에다가요.

자기가 틈틈이 가사(歌詞)를 써 봤는데, 좀 봐 달라는 거였어요.

허둥대는 몸짓이며 눈빛을 보고, 나는 직감적으로, 이 사람 지금 제정신이 아니구나 하는 생각이 들었죠.

절박하고, 이미, 삶의 끝자락을 잡고 있는 것 같았어요.

자기 속의 악사는 이미 죽었다고 생각하고 있는 것 같더라고요......

읽어 보긴 읽어 봤어요.

오성발달형의 가사였어요.

사건이 일어나고, 그래서 기뻤고, 또 다른 사건이 이어지고, 그래서 슬펐고...... 사건, 사건, 사건의 연속이었어요.

주인공이 고난을 극복한 끝에 무력으로 정의를 실현하면, 오성발달형들은 대개 그것으로 만족하죠.

이성발달형이라면, 정의가 도대체 무엇인지 물을 거예요.

오성발달형이라면 범인이 누구인지 밝혀내는 것으로 만족할 테고, 이성발달형이라면 범인이 어떤 인간인지 궁금해 할 거예요.

가사요?

어느 쪽이라도 상관없죠.

가사든 뭐든, 오성발달형들이 만족하느냐 이성발달형들이 만족하느냐의 차이가 있을 뿐이죠.

문제는, 내가 뭐라고 대답을 하든, 그 사람은 이미 그른 것 같다는 데에 있었죠.

구낙을 원망하고 싶었지만, 구낙이라고 해서, 그런 것을 알고 그랬을 것 같지는 않았으니......

어쨌든, 결국 그 사람이 알고 싶어 했던 것은, 자신에게 혹시 이성발달형 비슷한 뭔가가 있는지 여부였어요.

만약 있다면, 앞으로 그쪽으로 노력해 보겠다는 것이었겠죠.

간단히 말하자면, 악사는 죽었지만, 혹시 시인(詩人)이 될 수 있을까 하는 생각이었던 거죠......

그런데 이, 이성과 오성의 문제가...... 의외로, 문제가 커요.

이성은 오성보다 늦게 발달해서, 보통 20살 이후에나 본격적으로 발달한다는 게 문제에요.

음악이나 미술 분야에서는 이따금씩 10살밖에 안 됐다는 식의 나이 어린 천재들이 나타나지만, 문예에서는 나이 어린 천재라는 것이 없어요.

문예에 필요한 이성은 20살이 넘어야 본격적으로 발달하고, 30살이 넘어서도 계속 발달하는 경우가 많기 때문이죠.

그래서, 예를 들면, 이런 문제가 종종 생겨요.

어떤 사람이, 어렸을 때부터 음악을 좋아하고 또 상당히 소질이 있다고 생각해서, 이른 나이에 악사가 되었다고 가정해 봅시다.

이 사람은 자기 자신한테 이성이라는 것이 있는지도 모르는 채로 어린 나이에 이미 악사가 되었는데, 20살이 지나고 향후 몇 년에 걸쳐 이성이 발달하고 보니, 자신이 오성보다는 이성이 더 우세한 사람이라는 사실을 깨달았다면, 이 사람은 어떻게 해야 할까요?

네...... 그런데, 그런 문제가 아닌 것 같았어요.

이성이니 오성이니, 그런 얘기야 얼마든지 해 줄 수 있었죠.

실제로 얘기하기도 했고요.

그렇지만, 이미 말했듯이, 내가 느끼기에는, 그런 문제가 아닌 것 같았어요.

내가 뭐라고 대답하든, 그 사람은 이미 그른 것 같았죠.

그냥, 죽기 싫다고, 눈빛이 그렇게 말하고 있는 것 같았어요.

자기는, 살고 싶다고요......

책임을 회피하기 위해서, 나는 이렇게 얘기했어요.

나는 정보를 줄 수는 있지만, 판단을 해 줄 수는 없다.

그러니까, 이성발달형이니 오성발달형이니 하는 것도, 내가 정보는 얼마든지 줄 테니까, 잘 들어 보고, 본인이 한번 잘 판단해 보라.

오성이란 것은, 원인과 결과를 파악하는 기능이다.

이성이란 것은, 개념을 형성하는 기능이다.

도로 위에 승용차가 지나가는 것을 보면, 일단 시각정보가, 감각기관인 눈을 통해 들어온다.

도로 위에 승용차가 지나가는 현상이 원인이고, 인간의 머릿속에 맺힌 그 형상이 결과이다.

현상이라는 원인이 있으니까, 머릿속에 형상이라는 결과가 생긴 것이다.

만약, 도로 위에 승용차라는 현상이 없다면, 머릿속에 형상도 만들어지지 않는다.

승용차가 없는데, 승용차를 볼 수는 없다.

원인이 있으니까 결과가 있고, 원인이 없으면 결과도 없다.

오성은, 원인과 결과를 파악하는 기능이다.

그리고, 오성이 파악한 승용차의 형상에, '승용차'라고 언어로 이름을 붙이는 것, 즉 '승용차'라는 개념을 형성하는 것이 이성의 기능이다.

그래서 오성이 더 발달한 사람들에게는, 승용차의 형태와 색깔 질감 등이 상대적으로 더 생생하게 들어오기 때문에, 승용차라고 해서 다 같은 승용차가 아니다.

반면, 이성이 더 발달한 사람들은, 현상을 파악하는 것보다는 개념을 형성하는 데에 더 몰두하기 때문에, 승용차는 다 승용차이고, 아니면 화물차이다.

수학이나 과학처럼 처음부터 끝까지 인과관계를 기초로 하는 학문은 오성발달형들의 영역이고, 어학이나 언어학 그리고 문학처럼 처음부터 끝까지 개념형성을 기초로 하는 학문은 이성발달형들의 영역이다.

시각이나 청각 같은 감각기관과 인접한 능력인 오성이 발달한 사람들은, 감각정보에 상대적으로 더 민감하기 때문에, 음악이나 미술이 더 적합하고, 감각정보를 대충 흘려버리면서 거기에서 공통점만을 뽑아 내지 않고서는 개념을 형성하기가 힘들기 때문에, 개념의 형성을 전문으로 하는 능력인 이성이 발달한 사람들에게는 문예가 더 적합하다.

다만, 예술에서는 감성이 중요하기 때문에, 감성이 약하면, 아무리 오성이 발달해도, 아무리 이성이 발달해도, 둘 다 소용이 없다……

그런 식으로, 계속 정보를 주었죠.

그 사람이 내 얘기들을 결국 어떻게 받아들였는지는, 나도 몰라요.

혼자 생각에 빠져 있느라고, 분명한 반응은 보이지 않더라고요.

나도 그 사람한테 확실한 반응을 바랐던 것은 아니었어요.

그럴 필요도 없었고요.

그리고는…… 그 사람은 돌아갔어요.

그리고는…… 얼마 후에, 구낙이 당황한 표정을 하고 나타나서는, 그 사람 얘기를 했죠.

자신이 구상하고 있던 악사의 초상화를 그대로 흉내 내서 자살했다는 거예요.

구낙은, 천성이 워낙 떠벌리는 것을 좋아하는 사람이라, 자신의 그림들에 관해서, 주변 사람들에게 다 얘기를 해요.

언제나 그랬어요.

지금도 그럴 테고요.

작품에 관해서 얘기를 하면서, 다른 사람들의 의견도 들어 보고, 새로운 의견을 얻기도 하고, 작품을 수정하고, 정리하고...... 그런 식이죠.

구낙이 구상하고 있던 초상화라는 건, 그 사람이 사건을 일으키기도 전에, 나도 이미 얘기를 들어서 잘 알고 있었어요.

구낙의 얘기로는, 자기가 관찰한 결과, 악사들이라는 종족은, 본인 자신을 예술작품이라고 생각하는 경향이 있다는 것이었어요.

그도 그럴 것이, 일단, 화가는 그림을 그리니까, 당연히 그림이 작품이죠.

작곡가는, 곡이라는 작품을 만들죠.

그런 식으로, 다른 예술가들은 자기 자신과는 확실하게 분리된 작품을 만들어요.

그런데, 가수나 악사나 무희는, 작품을 만들어 낸다기보다는, 기술을 구사해서, 그 순간에 본인 자신이, 작품이 되어야 하는 거죠.

그러다 보면, 몰두하면 몰두할수록 아무래도 점점 더, 자기 자신을 예술작품이나 보물로 생각하게 되지 않을까요?

게다가 그것은, 착각도 아니고, 사실이잖아요?

그래서, 몸에 뭔가 이상이 생기면...... 부상이라든지, 질병이라든지, 노쇠라든지...... 그게 사고였든지, 자연적인 현상이었든지, 하여튼 뭔가 이상이 생기면, 다른 예술가들보다, 더 예민하게 반응하게 되는 것이겠죠.

손가락을 다쳤다고 해서 좌절하는 작곡가는 아마도 없겠지만, 악사는 얘기가 다르죠.

구낙의 말로는, 자기가 생각하기에, 좌절해서 더 이상 연주를 할 수 없게 된 악사가 마지막으로 빛나는 방법은, 불타오르는 것밖에 없대요.

그런데 물론, 현실적으로 자기 몸에 불을 지르는 악사는 없을 테니까, 자기가 대신 그런 작품을 만들어 주겠다는 것이었어요.

화가를 불태우면 화장(火葬) 이외에 아무것도 아니지만, 악사를 불태우면 예술작품이 될 수 있다는 미친 소리를 아무렇지도 않게 하는 사람이니까요.

내가, 불에 타는 것은 연주가 아니지 않느냐고 반론을 해 봤지만, 들을 마음이 있는 것 같지 않았죠.

처음에는, 불타는 모습은 당연히 연주가 아니고 그림이라고 하더니, 내가 다시, 악사라면 연주로 빛나고 싶을 것이라고 반론을 하니까, 정적도 연주의 한 종류라는 둥 하면서 억지를 부렸죠.

그러더니 결국에는, 마지못해, 악사의 좌절을 승화시킨 초상화라는 것으로 결론을 내더라고요.

화가, 즉 시각발달형이고, 즉 오성발달형이니까, 그런 원색적인 발상을 하는 것이겠죠.

불...... 화려하고...... 시각적이고, 감각적이고, 얼마나 원색적이에요.

구낙이야 워낙 그런 사람이니 그랬다 쳐도, 알고 보면, 구낙이 얘기했던 방식대로 자살했다는 그 악사도, 보통 원색적인 것이 아니었던 거죠.

어디까지나 나의 추측일 뿐이기는 하지만, 악사는 자기 자신이 초상화의 인물이 되기를 원했을 수도 있었겠죠.

자기 속의 악사는 이미 죽어 있다고 생각했던 사람이니, 다시 예술작품이 되고 싶었던 것일 수도 있죠.

노쇠로 인해서 연주 능력이 쇠퇴했다면, 복구할 가능성은, 없는 것이나 마찬가지일 테니까요......

어쨌든, 구낙은 어느 날 또 다시 여기까지 찾아와서는, 자기가 이상한 곤경에 빠졌다고 했어요.

자신이 발표한 그림이, 자살 현장과 너무나 흡사하다는 이유로, 감찰청의 의심을 받고 있다고요.

자기는, 바도개가 자살했다는 소식만을 들었을 뿐, 자살 현장을 본 적도 없는데, 예정대로 그림을 발표하고 나니, 일이 그렇게 되어 버렸다는 것이었죠.

배경도 일치하고, 화물차에 자신의 악기와 음향장비를 싣고 있다는 소재도 일치하고, 무엇보다도, 불에 타 죽는 사람이 운전석에 마치 잠든 것처럼 얌전하게 앉아 있을 수는 없다는 사실 때문에, 살인 용의자가 되었다고 했어요.

자기의 모든 것을 불태워 버렸다면, 유서가 있었다 해도 불타 버렸을 것 아니냐는 둥, 공황에 빠져서 정신 나간 소리를 하길래, 그딴 걱정은 할 필요 없다고 얘기해 줬어요.

왜냐면, 배경이든, 소재든, 구낙이 하도 떠벌리는 바람에, 그 사람이 자살하기 훨씬 전부터, 주변 사람들은 이미 다 알고 있던 사실이니까, 얼마든지 증언을 해 줄 수 있다고 생각했거든요.

얼마나 떠벌렸으면, 그 악사조차도, 그걸 다 그대로 실행했을까요.

배경은 오루혼 2번 도로 끝의 주차장만큼 좋은 곳이 없고, 시간은 저녁노을이 거의 다 사라져갈 때쯤이어야 하고, 사용하던 악기와 장비들은 모두 등장해야 하고...... 먼저 신경독(神經毒)을 삼켜야 하고, 반응이 오기 시작할 때까지 기다렸다가 불을 당겨야 하고...... 불이 잘 붙도록, 미리 기름을 잘 뿌려 두어야 하고......

나도 다 기억하잖아요.

네?

글쎄 그러니까, 내가 처음에 했던 얘기가, 바로 그거잖아요.

왜 그런 생각을 하고, 왜 굳이 그런 짓을 하는 것이냐고, 나한테 설명을 하라고 한들, 나한테는 그런 능력이 없어요.

다른 사람들은 안 그런데, 그 사람들은, 왜 그런 사람들이냐고 묻는 것하고 다를 게 없잖아요.

왜라뇨?

그럼, 내가 정보를 줄 테니까, 수사관 나리께서 한번, 직접 판단을 해 보시겠어요?

그게 과연 가능한지 어떤지?

네.

'이 세상은 이 세상의 자기인식이다'라고 하는, 아름다운 명제가 있어요.

세상이 세상일 수 있는 이유는, 그것을 인식하기 때문이에요.

인식하는 자가 없으면, 세상도 없는 법이죠.

이 세상에, 이 세상을 인식하는 자가 전혀 없다면, 그것은 지금 우리가 알고 있는 세상이 아니겠죠.

당연히 존재는 하겠지만, 다른 무엇인가일 테고, 이 세상은 아니죠.

존재는 하겠지만, 그것을 인식하는 인간이 없다면, 존재하지 않는 것이나 마찬가지라는 말이에요.

그래서 '이 세상'하고 '이 세상의 자기인식'이라는 것은, 사실상 같은 의미에요.

뭐 하려고 돈을 모아서, 우주공간과 천체를 탐사하겠어요?

돈이 나오는 것도 아닌데.

그렇지만, 실제로는 발상이 거꾸로죠?

돈이 되니까 우주를 탐사하는 것이 아니라, 오히려 우주를 탐사하기 위해서 돈을 모으잖아요?

맛있는 음식이나 실컷 먹고 잠이나 자면 되지, 돈도 안 되는 우주 따위는 뭐 하려고 탐사를 하느냐고 묻는 순간, 뭔가 기분이 이상해지기 마련이죠.

'넌 왜 짐승이 아니고 인간이냐?' 하고 묻는 것과, 사실상 다를 것이 없으니까요.

누군가가 짐승이라 해도, 하등 문제될 것은 없어요.

인간이든 짐승이든 얼마든지 버젓이 존재하고 있는데, 새삼 그게 무슨 문제이겠어요.

다만, 인간에게 '너는 왜 짐승이 아니고 인간이냐?' 하고 물으면, 그걸 도대체 뭐라고 대답해야 할지 알 수가 없으니까, 이상해지는 거죠.

'예술지상주의(藝術至上主義)'라는 말을 들어 보셨는지 모르겠지만, 원리가 같아요.

이 세상에서 가장 중요한 가치는 예술이라고 믿는 사람들이 있어요.

구낙이나 바도개 같은 사람들이에요.

돈을 벌기 위해 예술을 하는 것이 아니라, 돈은 아무래도 상관없고, 심지어 돈을 들여서라도, 예술을 추구해야 한다고 생각하는 사람들이죠.

그 사람들한테는, 예술을 추구하는 것이, 우주를 탐사하는 것하고 같은 얘기인 거예요.

우주 탐사든 예술 추구든, 무엇을 인식하려 하느냐의 차이가 있을 뿐이지, 결국은 둘 다, 인식을 위한 것이죠.

인식하려는 대상만 다를 뿐, 둘 다, 인식하는 거예요.

인식의 폭을 넓히고 인식의 깊이를 깊게 한다.

즉, 인식한다.

왜?

왜냐면, 그것이 이 세상의 그 무엇보다도 더 가치 있는 것이라고 믿기 때문이다.

왜, 실컷 먹고 실컷 자는 것이 아니라, 인식이 가장 가치 있는 것이라고 믿느냐?

인간의 인식 능력을 가지고 태어났다면 시간의 흐름에 따라 경험이 누적되고 편집되고 정리되어 갈수록 그런 인식에 수렴될 수밖에 없는......

너는 왜 짐승이 아니고 인간이냐?

인 지
생 략

절망의 노래

2002. 6. 22. 초판 인쇄
2002. 6. 27. 초판 발행
2018. 12. 05. 개정판
저 자 천 필 립
발행처 다해
서울시 중구 충무로29(703호)
전화 02)2266-9247
등록 96. 8. 12 제1-2072

잘못된 책은 바꾸어 드립니다.
값 7,000원 ISBN 978-89-88527-05-4 03810